Conheci o Sandro quando eu era, ainda, um desconhecido pré-candidato a Governador, quando poucos já acreditavam na vitória. De lá para cá, ele foi comigo sempre o mesmo: cordial, positivo, interessado e perspicaz, demonstrando interesse verdadeiro na pessoa diante dele, liderando pela empatia, em todos os espaços.

ROMEU ZEMA,

Governador do estado de Minas Gerais

Tudo o que eu sempre quis foi ficar ao lado de um grande líder e gestor para aprender com ele. Infelizmente, nunca tive essa oportunidade! Agora, porém, Sandro Gonzalez preencheu essa lacuna.

Ele foi escolhido como o CEO mais admirado do Brasil em 2016. É, já, há vários anos, uma das maiores referências em sucesso empresarial combinado com liderança de alto nível.

Ao começar a atuar profissionalmente, tudo o que aprendemos no seio familiar é somado ao conhecimento adquirido na trajetória escolar. Muitos compreendem que é nesse momento que a vida real começa, uma vez que passamos a atuar com verdadeira autonomia e passamos a aplicar todas as nossas vivências e nossos conhecimentos em sociedade. Contudo, raramente a família e a vida acadêmica proporcionam o aprendizado do dia a dia, a prática e a sabedoria que caracteriza os melhores profissionais.

Meu amigo Sandro Gonzalez desenvolveu sua trajetória com incomum maestria.

De fato, é necessária toda a vida para desenvolver a sabedoria necessária, interpretar os acontecimentos, aplicar os conhecimentos técnicos para, em seguida, tomar decisões e executá-las.

Assim, esta obra é relevante é extremamente útil, pois transmite a experiência de décad[illegible] gestão humanizada.

Não bastasse o sucesso pessoal, Sandro é um gestor que teve sua organização eleita como a melhor empresa para se trabalhar no país em sua área.

Recomendo ao leitor que aprenda com Sandro Gonzalez, para que também possa se tornar um líder admirado em uma empresa da qual todos queiram fazer parte!

WILLIAM DOUGLAS,

Desembargador Federal/ TRF2, professor e escritor

No livro *O Valor das Pessoas*, Gonzalez traz questões que valorizo bastante na minha missão, na minha vida e na minha empresa. Ele busca inspirar e incentivar as pessoas a se preocuparem com o próximo, a construírem um mundo e organizações muito melhores e mais humanas. Sandro incentiva o que chamo (e ensino a todos os meus alunos) de Modelo de Desempenho de Sucesso: o Crescer e Contribuir. Se você deseja conhecer e se juntar a essa proposta transformadora, com certeza esse é um livro para você. Aproveite!

PAULO VIEIRA

Mentor e criador do método CIS

Vivemos em um mundo "coisificado", as pessoas são medidas pelo que têm, pelo que podem oferecer e pelo que aparentam em suas redes sociais. Marcas do século XXI, do materialismo, do pragmatismo e do relativismo. Por isso, é um bálsamo, um refrigério, ter em mãos uma obra como esta. O pastor Sandro é um exemplo de gestão humanizada, tanto no campo corporativo quanto no eclesiástico. Leia, seja abençoado e passe a valorizar as pessoas pelo que elas são.

PR. MÁRCIO VALADÃO,

Líder da Igreja Batista da Lagoinha

A trajetória do Sandro demonstra integridade, a importância de ser "inteiro" em cada uma das várias faces da nossa existência, um verdadeiro líder de pessoas e não de circunstâncias; completo porque é o mesmo na empresa, na igreja, com os amigos e com a família.

MATHEUS SIMÕES DE ALMEIDA,
Secretário Geral do estado de Minas Gerais

Sandro Gonzalez é um empreendedor visionário que entendeu, como poucos, que a inovação e a transformação dos negócios só acontecem com um time motivado e empoderado.

GUSTAVO CAETANO,
Fundador da Sambatech

Alguém já disse que "um romance de Tolstói não é uma obra de arte, mas um pedaço de vida". Lembrei-me desta reflexão quando folheei *O valor das pessoas*, de Sandro Gonzalez. Não apenas porque conheço o autor e sou testemunha do seu coração apaixonado pela gestão de pessoas de uma forma exemplar.

O livro é um pedaço de sua vida que, como um homem de fé, fornece com a sua caneta graciosa preciosas lições.

O texto bíblico do livro de Gênesis deixa claro que o ser humano é uma ideia de Deus (Gn 1.26,27). É, desta forma, mais especificamente em termos de amor e redenção que o autor descreve a sua trajetória como um dos CEOs mais admirados do Brasil.

Recomendo a leitura!

ANTONIO CABRERA
Idealizador do "Fé e trabalho"

A transformação de realidades sociais e coletivas por meio de uma liderança servidora, ética e relevante é um desafio que poucos conseguem efetivamente realizar. Este livro retrata a trajetória de alguém que trilhou este caminho e descobriu a chave para que isto aconteça: uma mudança de mentalidade que passa a valorizar pessoas. Mais que princípios de gestão, *O Valor das Pessoas* mostra como, na prática, os princípios eternos da Palavra podem sair do campo da teoria e impactar profundamente o meio em que estamos. Conheço o autor e recomendo sua obra. Leia e pratique estes princípios, você também verá os resultados da sua vida e carreira. Recomendo fortemente a leitura para todo líder que deseja ser bem-sucedido, assim como impactar o mundo e mudar realidades.

CARLITO PAES,

Mestre em Teologia, escritor, palestrante, pastor líder da Igreja da Cidade em São José dos Campos (SP) e fundador da Rede Inspire de Igrejas e de diversas organizações ministeriais e sociais

Sandro Gonzalez é a pessoa certa para falar sobre gestão humanizada porque isso é o que corre em suas veias. Esse é o seu DNA. Com décadas de experiência à frente da Transpes, tornou a empresa um modelo de sucesso de produtividade e liderança servidora.

JB CARVALHO

Bispo da Comunidade das Nações em Brasília, conferencista, professor, apresentador e autor

Reconhecer naqueles que trabalham conosco seres humanos integrais que, na jornada de suas vidas, desfrutam de alegrias e tristezas, sonhos e decepções, força e vulnerabilidade é uma característica que poucos líderes possuem. Esse é um dos motivos de meu grande amigo Sandro Gonzalez ter tamanho destaque, não somente na gestão de negócios, mas também como alguém que triunfou em constituir uma família digna e consolidou suas vitórias a partir de seu relacionamento com Deus. Tornar-se um dos CEOs mais admirados do Brasil e ser gestor da melhor empresa para se trabalhar na sua área de atuação é uma honraria que ele recebeu por merecimento. Esta obra apresenta não somente uma trajetória de sucesso, o que não seria pouco, mas grande inspiração para observar, cuidar e viver lado a lado com cada um daqueles que atuam profissional e pessoalmente com você. Aqui está uma oportunidade de conhecer como gentileza e grandeza, sabedoria e humildade caminham juntas e resultam em realização pessoal e profissional.

REINALDO MORAIS,

Autor do best-seller *"Segredos de Pai para filho"*,
empresário destaque nacional no agronegócio

O VALOR DAS
PESSOAS

SANDRO GONZALEZ
O CEO mais admirado do Brasil

O VALOR DAS PESSOAS

Gestão Humanizada

EDITORA HÁBITO
Avenida Recife, 841 — Jardim Santo Afonso — Guarulhos, SP
CEP 07215-030 — Tel.: 0 xx 11 2618 7000
atendimento@editorahabito.com.br — www.editorahabito.com.br

O VALOR DAS PESSOAS

Todas as citações foram adaptadas segundo o Acordo Ortográfico da Língua Portuguesa, assinado em 1990, em vigor desde janeiro de 2009.

Todos os grifos são do autor.

Editor responsável: Gisele Romão da Cruz
Editor-assistente: Amanda Santos
Preparação de texto: Magno Paganelli
Revisão de provas: Sônia Lula
Projeto gráfico e diagramação: Claudia Fatel Lino
Capa: Sandro de Vasconcelo Gonzalez (direitos cedidos)

1. edição: mar. 2022
1ª edição: maio 2022

Dados Internacionais de Catalogação na Publicação (CIP)
(Câmara Brasileira do Livro, SP, Brasil)

Gonzalez, Sandro
O valor das pessoas : gestão humanizada / Sandro Gonzalez. -- São Paulo : Editora Hábito, 2022.

ISBN: 978-65-996667-7-3
e-ISBN: 978-65-996667-6-6

1. Gerenciamento de pessoas 2. Liderança 3. Sucessão I. Título.

22-99626 CDD-658.3

Índices para catálogo sistemático:
1. Gerenciamento de pessoas : Administração de empresas 658.3
Aline Graziele Benitez - Bibliotecária - CRB-1/3129

DEDICATÓRIA

Enquanto escrevo este livro, minha esposa e eu nos aproximamos dos 35 anos de casados, bodas de coral, simbolizando o amadurecimento e a fortificação do nosso relacionamento, pois um coral não se forma da noite para o dia. Fico pensando no que nos trouxe até aqui e em como agradecê-la por todo o apoio.

Minha vida profissional se confunde com nosso relacionamento: namoro, noivado e casamento. Que dia memorável quando a conheci. Logo começamos a namorar. O amor é paciente, nunca desiste, supera as dificuldades, as limitações, as falhas e experimentamos isso. O amor é bondoso, sempre escolhe enxergar o melhor no outro, blindar as fraquezas e enaltecer as forças e as virtudes. O amor não guarda rancor, está sempre pronto a perdoar e seguir adiante. Por meio do perdão exercido inúmeras vezes, nos mantivemos juntos, de mãos dadas, pois limpo não é aquele que nunca se suja, mas aquele que sempre se lava.

O amor nos permite participar da vida um do outro, uma vida com a minha melhor amiga, namorada, melhor esposa e mãe nesta jornada. Choramos juntos, rimos muito mais, assim somos mais fortes e perceber nisso tudo a linda mulher que eu tenho ao meu lado, muito mais bela do que aquela com quem me casei no dia 27 de junho de 1987, é um privilégio. Seu olhar sempre transmite segurança, firmeza e afeto. Seu abraço é o mais acolhedor até mesmo quando não tenho razão. Seu beijo, o mais doce e suave, o beijo de alguém que me ama e está ao meu lado em todo tempo. Suas palavras transmitem fé e confiança de alguém que edifica e protege nossa casa. Sua oração intensa, fervorosa, generosa e verdadeira sempre me aproxima de Deus.

Segurar sua mão e caminhar junto pela vida é ter certeza de que ao meu lado tenho uma pessoa maravilhosa que me ama como sou. É saber que a vida já nos proporcionou inúmeras realizações, tudo fruto da bondade do Pai e do nosso compromisso com ele. Às vezes acertamos, outras erramos, mas sempre nos apoiamos. Este é o amor que escolhemos, o amor de Deus em nossa vida em todas as dimensões, aquele que tem nos permitido viver infinitamente mais do que poderíamos pensar ou imaginar.

É maravilhoso experimentar a bondade e todo o cuidado de nossos pais conosco, homens e mulheres notáveis que nos forjaram e nos deram sempre o melhor. Carregar no colo cada um de nossos filhos, compartilhar o amor e o carinho de todas as nossas noras e ainda desfrutarmos dos nossos netos, que contarão a nossa história como uma linda história de amor e fé!

Este livro dedico à minha esposa e companheira de todas as horas, Katia Gonzalez.

SUMÁRIO

PREFÁCIO

Tive a honra de participar do Conselho Consultivo da Transpes durante quatro anos. Nesse período, convivi bem de perto com o Sandro Gonzalez e seus irmãos, Alfonso e Tarsia. Sandro era o presidente executivo da empresa, Alfonso, o diretor operacional, e Tarsia, presidente do Conselho.

A minha chegada ao Conselho, juntamente com o meu colega Geraldo Sardinha, reconhecido professor especialista em finanças da Fundação Dom Cabral, foi resultado de um trabalho promovido pela Fundação por meio da professora Elismar Alvares, especialista em temas relacionados às empresas familiares e governança corporativa.

Neste ponto, vale a primeira reflexão. A decisão de contratar o trabalho de uma especialista nos temas mencionados mostra a determinação do Sandro e dos irmãos em não temerem a revisão de um processo gerencial vitorioso, mas que, como tudo na vida, pode e deve ser sempre aprimorado.

Para mim, foi uma experiência valiosa conviver com o Sandro e seus irmãos e ver de perto a receptividade em aceitar sugestões e ideias que não necessariamente eram as mesmas que as deles.

Neste livro, Sandro vai descrever diversos momentos que teve nas etapas da sua vida pessoal e profissional, mas eu gostaria de enfatizar alguns pontos que me chamaram a atenção no período em que convivi com ele de perto.

O primeiro deles foi ter abraçado o desafio de substituir o pai na liderança da empresa fundada. Como empreendedor nato, o senhor Tarcísio, com um único caminhão, começou a pavimentar diversos caminhos que permitiram à Transpes se tornar uma empresa com uma frota de mais de 2 mil veículos, empregando milhares de pessoas e com atuação em todo o Brasil e países do Mercosul.

Não é fácil substituir um pai vitorioso, mas o Sandro soube liderar, como presidente, o crescimento da empresa e torná-la reconhecida e respeitada por seus diversos acionistas e, em especial, seus colaboradores. Sob a sua liderança, sendo defensor do trabalho em equipe, levou a Transpes a ser uma das dez empresas mais conceituadas no seu setor de atuação e considerada a melhor empresa para se trabalhar. Tudo isso demonstra a ênfase que Sandro dá à gestão de pessoas, que defende um modelo de gestão humanizado, buscando sempre a melhoria da eficiência e da produtividade.

Também não por acaso, Sandro foi eleito, em 2016, o CEO mais admirado do Brasil pela revista Você S/A entre mais de 1.500 empresas avaliadas. Em 2017 foi eleito, pela revista Forbes, um dos 25 melhores CEOs do Brasil.

Aprendi, neste já longo convívio com o Sandro, que ele baseia a vida pessoal e profissional em conceitos que sempre defendi, os quais destaco: saber delegar; escolher pessoas; formar equipe, rodeando-se de pessoas que são mais competentes do que nós.

Sandro é um ser humano de fé e acredita que as empresas devem ter como propósito impactar positivamente as pessoas e a sociedade na qual estão inseridas. Ao gerir, ele não abre mão da humildade de saber ouvir, o que lhe permite ser um líder que sabe comunicar e motivar os diferentes níveis hierárquicos da empresa.

Seguindo essa crença, a Transpes diversificou as suas atividades e participa atualmente da Inova BH, na área de educação, com a gestão de 49 escolas, e da Saúde BH, com gestão de 39 UPAs (Unidades de Pronto Atendimento), todas elas localizadas em Belo Horizonte.

Como líder e gestor, entre os seus diversos desafios, Sandro se deparou com a preparação de um sucessor, e soube fazer isso muito bem. Preparou o irmão Alfonso para ser o presidente executivo da Transpes e passou, a partir de 2019, a ser o presidente do Conselho de Administração da empresa. Sua irmã, Tarsia, permaneceu no Conselho e exerce outras atividades na área de liderança empresarial, o que demonstra que o gene de liderança está impregnado na família desde o senhor Tarcísio.

Tenho certeza de que você vai aprender muito ao ler este livro do Sandro. A leitura vai fazer você refletir e aprender que nas crises existem oportunidades e que, baseados na fé, na ética e na determinação, devemos a cada dia renovar a nossa esperança de uma vida profissional e pessoal melhor para cada um de nós e para aqueles que nos cercam.

Vocês também vão perceber a história bem-sucedida de substituir um pai vitorioso e entregar a seu sucessor uma empresa melhor do que recebeu, tudo fruto da prática de muita paciência e poder de convencimento.

Isto me faz lembrar um ditado japonês que diz mais ou menos o seguinte: "Quer na vida pessoal quer na profissional, quando estiver perdendo a paciência, olhe para uma pedra e a veja crescer".

Tenha uma boa leitura e reflexão sobre os ensinamentos aqui descritos.

WILSON BRUMER,

presidente do Conselho Diretor do IBRAM

(Instituto Brasileiro de Mineiração)

INTRODUÇÃO

As empresas marcam a nossa vida. Mais do que governos, organizações sem fins lucrativos ou instituições religiosas, os negócios são uma força dominante há alguns séculos e especialmente na vida contemporânea no século XXI, em quaisquer que sejam as condições em que se dão.

Em sociedades livres, a grande maioria dos nossos projetos de vida, sonhos e necessidades são atendidos por corporações, pequenas, médias e grandes empresas, e, por vezes, por profissionais liberais. A maioria das pessoas nessas sociedades está empregada no setor privado. O modo pelo qual elas desenvolvem as suas atividades exerce um impacto direto e enorme em todos os aspectos da nossa vida, desde a movimentação da economia do país até os níveis pessoais dos cidadãos.

Vemos exemplos disso no bem-estar material que podemos desfrutar, a melhoria da saúde integral do ser humano, física, emocional, mental e espiritual, e a habilidade que cada um de nós tem de estar presente e de agir como indivíduo e cidadão em nossa sociedade pela expressão da nossa competência profissional em alguma área. Afinal de contas, nós recebemos os benefícios das habilidades das pessoas por um lado, e por outro damos a nossa contribuição para elas quando desenvolvemos bem as nossas próprias competências.

Na maior parte dos casos, as empresas têm tido sucesso em atender às necessidades pessoais ao mesmo tempo em que elevam o desenvolvimento no nível coletivo; em outras palavras, elas têm sido bem-sucedidas em levar-nos ao progresso, ao avanço da humanidade nos níveis em que atuam. Nos últimos duzentos anos, quase todos os indicadores de bem-estar humano aumentaram razoavelmente em consonância com a expansão do capitalismo de livre mercado. Entre alguns benefícios que advêm dessa situação estão o aumento da expectativa de vida, que nos leva a vivermos mais e com maior qualidade de vida. Por exemplo, um homem nascido no Brasil em 1940 tinha expectativa de vida de apenas 42,9 anos; hoje, esse tempo saltou consideravelmente para impressionantes 76,6 anos![1]

A contribuição das empresas capitalistas também é responsável por outros indicadores de melhoria de vida. Somos mais bem instruídos e temos acesso a dados e informações que surpreendem.[2] Por exemplo, o volume de dados criados nos últimos dois anos é maior do que a quantidade produzida em toda a história.[3] Só o Google realiza 3,5 bilhões de buscas

[1] Veja os dados completos na pesquisa do IBGE. Disponível em: <encurtador.com.br/kUX15>. Acesso em: 28 jul. 2021.

[2] "O portal colombiano La Gaboteca disponibilizou em abril a obra completa do escritor Gabriel García Marquez, com mais de 1.500 materiais e 600 livros traduzidos em cerca de 40 idiomas. Há dez anos, a obra completa de Mozart, com mais de 600 peças e 24 mil partituras, foi posta integralmente na internet. O Museu do Louvre já oferece experiências em realidade virtual, permitindo que pessoas no mundo todo apreciem mais de 35 mil objetos do local; e portais como o Hora do Enem, do Ministério da Educação, permitem que alunos estudem centenas de conteúdos gratuitamente". Disponível em: <https://canaltech.com.br/internet/como-o-grande-volume-de-dados-que-temos-atualmente-e-benefico-para-todos-79551/>. Acesso em: 28 jul. 2021.

[3] Disponível em: <https://forbes.com.br/fotos/2015/10/20-fatos-sobre-a-internet-que-voce-provavelmente-nao-sabe/>. Acesso em: 28 jul. 2021.

por dia. Se uma única pessoa fosse assistir a todos os vídeos que o YouTube veicula em 24 horas, levaria nada menos que 2.739.726 anos para cumprir essa tarefa![4]

Além disso, hoje produzimos e consumimos mais e melhor bens duráveis, usufruímos mais tempo de lazer, muito mais do que os nossos antepassados, temos acesso à alta tecnologia que nos permite ter acesso a pessoas com as quais de outro modo não teríamos contato. Muitos desses acessos nos permitem aprender praticamente qualquer coisa com rapidez e eficiência. Somos privilegiados por vivermos em um período mais próspero e pacífico da história e tudo isso só foi possibilitado pelo dinamismo e pela inovação que são características do sistema capitalista.

Por causa do desenvolvimento da tecnologia obtida nos últimos anos, muitas pessoas, eu diria milhões delas, estão vivendo uma nova era de prosperidade e com relativa facilidade para isso. Embora seja dever dos governos criar situações e conjunturas que propiciem o desenvolvimento de suas economias e o avanço tecnológico vindo da inciativa privada, dos profissionais liberais e das empresas capitalistas, muitas vezes esses governos emperram o processo com burocracias inúteis. Mesmo assim, o poder do capital tem superado entraves, promovendo o bem-estar e a prosperidade de muitos. Hoje, porém, por causa do próprio desenvolvimento da era digital, há maior liberdade e facilidade para que empreendedores gerem riqueza de formas inovadoras, criativas e úteis.

[4] Disponível em: <https://www.meupositivo.com.br/panoramapositivo/diante-de-tanta-informacao-ha-conhecimento-na-era-da-globalizacao-digital/>. Acesso em: 28 jul. 2021.

Contudo, mesmo progredindo de maneiras tão diversas, ainda não temos o controle total das diferentes situações sociais e temos falhado no enfrentamento bem-sucedido ao sofrimento humano que ocorre em grande escala. Embora não seja tão divulgado, esse é um dos objetivos que as empresas capitalistas têm perseguido nos últimos anos.[5]

As empresas desempenham um papel importante na criação desse sofrimento. A obesidade, o alcoolismo, a depressão, a ansiedade, a violência armada, a devastação do nosso ecossistema, e muitas dessas situações são exacerbadas justamente por causa do modo em que muitas empresas são dirigidas. Os modelos de negócios adotados podem interferir negativamente nos sistemas sociais, bem como nos níveis individuais, afetando famílias inteiras e comunidades menos protegidas.

Para amenizar ou resolver essas questões, devemos perguntar: Qual rumo tomar? O rumo dependerá basicamente da evolução da nossa maneira de pensar sobre o que é prioritário. Se continuarmos no caminho atual, embalados por uma

[5] Nos últimos anos, empreendedores de países como o Brasil, a Índia e o México têm procurado um modelo que pode ser chamado de Novo Capitalismo (há um documentário produzido no Brasil com o título *Um Novo Capitalismo*). Trata-se de um esforço das pequenas, médias e grandes empresas dirigido a populações empobrecidas, dando a elas um olhar de inclusão, desenvolvendo suas potencialidades e integrando-as ao sistema macro a fim de que o conjunto da sociedade prospere simultaneamente. A elevação nos níveis econômicos e sociais dessas populações, com o "novo modelo", promoveria a riqueza para todos, pequenos, médios e grandes. Assim, trabalhar para a elevação dos níveis socioeconômicos das camadas mais baixas fará que se tornem os futuros consumidores. É um investimento planejado que tem como objetivo o retorno a médio e longo prazos.

agitação e euforia regida tão somente por lucros e benefícios pessoais sem olharmos atentamente ao nosso redor (para as pessoas e para o meio ambiente), então a tolice e o desespero prevalecerão. Os resultados disso são o agravamento da atual condição humana e o esgotamento dos meios naturais de subsistência.

Ao contrário, se evoluirmos como pessoas e transformarmos a nossa maneira de agir diante das necessidades que nós mesmos criamos, sabendo fazer uso da sabedoria que temos acumulado e procedendo à luz da Palavra de Deus, conseguiremos mudar a maneira de pensar individualmente. O resultado imediato que esperamos disso será uma mudança de mentalidade sobre as organizações do Segundo Setor,[6] que são as empresas, e os céus alcançarão a terra assim que aplicarmos a sabedoria contida nas Escrituras ao nosso dia a dia em benefício do próximo.[7]

A necessidade de mudança é urgente, porque as difíceis circunstâncias persistem para a maioria das pessoas. Embora a expectativa de vida no mundo tenha aumentado espantosamente,

[6] O Primeiro Setor é constituído por instituições governamentais , e o Terceiro Setor é formado por iniciativas privadas com vistas à utilidade pública.

[7] O ser humano fez negócios ao longo de toda a sua história. Evidentemente, não eram negócios segundo os modelos atuais de livre mercado. Jesus ensinou por parábolas e mencionou a realização dos negócios (parábola dos trabalhadores na vinha, parábola dos talentos, entre outras). Um dos modos de negociação antigos, mas que existiu no Brasil e ainda subsiste em algumas regiões do país é o escambo, a barganha de mercadorias entre dois produtores (troca-se arroz por feijão, milho por trigo etc.). Antes do advento do capitalismo praticava-se o mercantilismo. Havia os burgos, centros de negociação central no período feudal e assim por diante, até chegarmos ao capitalismo.

ainda há milhares de crianças com menos de 5 anos de idade que morrem todos os dias de causas evitáveis.

> Em 2000, no Brasil, ocorreram 103.976 óbitos em crianças menores de 5 anos de idade por todas as causas, caindo para 66.160 óbitos em 2007 e 51.344 no ano de 2013. No mesmo período, o número de óbitos por causas evitáveis apresentou declínio, passando de 78.703 óbitos no ano de 2000 para 35.318 em 2013, com percentual de redução da taxa de mortalidade de 5,1% ao ano e 49,3% no período.[8]

Embora os dados do Banco Mundial sejam significativamente melhores e mais de 1 bilhão de pessoas tenham saído da extrema pobreza desde 1990, metade da população mundial ainda vive com rendimentos diários para a sua subsistência que as deixa abaixo da linha da pobreza. Metade da população mundial continua enfrentando uma luta diária pela sobrevivência, mesmo com uma parcela da população tendo sido elevada a níveis de prosperidade que até anos atrás não desfrutava.

Segundo Albert Einstein:

> O ser humano é parte de um todo chamado por nós de 'universo', uma parte limitada no tempo e no espaço. Ele experiencia a si mesmo, seus pensamentos e sentimentos como alguma coisa separada do resto — uma espécie de ilusão de ótica e da sua consciência. Essa ilusão é uma forma de prisão para nós, restringindo-nos a nossos desejos pessoais e nossa

[8] MALTA, Debora Carvalho *et alli*. "Mortes evitáveis na infância, segundo ações do Sistema Único de Saúde, Brasil", in Artigos Originais, *Revista Brasileira de Epidemiologia*, n. 22, 2019. Disponível em: <https://doi.org/10.1590/1980-549720190014>. Acesso em: 28 jul. 2021.

> afeição por umas poucas pessoas próximas. Nossa maior tarefa deve ser a de nos libertar dessa prisão, alargando nossos círculos de compaixão para envolver todas as pessoas vivas e toda a natureza na beleza da sua divindade.[9]

A mentalidade que rege muitas estruturas organizacionais contemporâneas é bastante influenciada por interpretações equivocadas advindas da biologia evolucionária, mais do que por concepções ultrapassadas da física. Em sua clássica obra *A Descendência do Homem*, Charles Darwin mencionou a frase "sobrevivência dos mais aptos" apenas duas vezes, enquanto a palavra "amor" foi mencionada por ele 99 vezes; ou seja, Darwin acreditava que a *empatia* é o nosso instinto mais forte que nos impulsiona para as realizações a que nos propomos e a razão pela qual nós, seres humanos, chegamos até aqui. De certa forma, nascemos para promover o amor na vida das pessoas, e o naturalista sabia disso.

A mentalidade que considera que nós, seres humanos, somos motivados principalmente por um sentimento de escassez, de separação e de competição modelou um padrão comportamental e estabeleceu uma visão dominante da economia contemporânea. É da frase dispersa de Darwin segundo a qual só o mais apto sobrevive, fundida à competição nos livres mercados das sociedades capitalistas, que surge a distorção no sentido original desse modelo econômico. Isso porque o capitalismo, como se desenvolveu a partir da Revolução Industrial (1760-1840), é tanto o modo de produzir coisas

[9] Conforme apresenta o site: <https://www.ihu.unisinos.br/169-noticias/noticias-2015/544999-a-teoria-da-qcuriosidade-geralq-de-einstein-artigo-de-carlo-rovelli#>. Acesso em: 31 jan. 2022.

para o consumo em larga escala quanto o modelo econômico decorrente dos novos meios de produção, que altera como as pessoas e as empresas negociam.

Somente depois é que o acúmulo do capital nas mãos de poucos às custas da exploração do trabalho assalariado de muitos, o proletário, é que o capitalismo assumiu aspectos negativos, tendo sido criticado por pensadores, como Jean-Jacques Rousseau (1712-1778) e Karl Marx (1818-1883).

A despeito das distorções desse modelo econômico e do livre mercado, o ser humano em sua melhor essência é uma pessoa altruísta, atenciosa, solidária e confiável; ele é gregário, é amigável. Ao mesmo tempo, muda os seus interesses e se torna o oposto de todas essas virtudes, tornando-se nocivo à própria espécie.

Diante disso, temos que nos perguntar: Como conceber organizações e sistemas corporativos que levem o verdadeiro ser humano a um desenvolvimento pessoal rumo à sua melhor essência? Como orientar a criação de empresas ou reorientar as que existem para que promovam a nossa natureza altruísta e pró-social, ao mesmo tempo que nos liberte da distorção sistêmica em que estamos?

Ao ler as páginas deste livro, você conhecerá os princípios que norteiam a gestão do nosso grupo empresarial. Este, portanto, é um convite a uma boa leitura, a uma reflexão profunda e séria, que de algum modo possa inspirar você a se tornar uma pessoa ativa na promoção do amor em nossa sociedade, visando a um bem maior, a mudanças mais amplas no mundo em que vivemos.

A nossa missão, portanto, é procurar meios efetivos de aliviar o sofrimento humano e, fazendo isso, aumentar a alegria das pessoas ao nosso redor e neste mundo, através do trabalho e dos serviços prestados pelas diferentes corporações. Conseguiremos alcançar esse objetivo quando atendermos às necessidades de todos os interessados, incluindo colaboradores, clientes, fornecedores, comunidades, sem descuidar do meio ambiente. Faremos isso procurando melhorar continuamente a vida de todas as pessoas envolvidas enquanto lucramos, para que, dessa forma, possamos continuar crescendo e ampliando a onda de amor no mundo.

Deus sabe (e nós também) que a ganância não desaparecerá. Tampouco o ódio e o egoísmo deixarão de existir. A natureza do homem que não muda a sua maneira de pensar se mantém obstinada e orientada a algumas questões extremamente negativas e nocivas, mas não é incontrolável; nós podemos ser treinados e disciplinados para mudanças significativas. Mesmo que os nossos impulsos naturais não sejam completamente eliminados, eles podem ser atenuados ou até mesmo redirecionados, fazendo de nós ou transformando-nos em uma liderança para um novo tempo, do tipo que promova o amor e o bem-estar no mundo corporativo.

Não há poder ou fonte maior de força no mundo que o amor, e cito aqui a carta de Paulo, 1Coríntios 13.7, o conhecido hino ao amor: "[o amor] Tudo sofre, tudo crê, tudo espera, tudo suporta".

Tendo apresentado esse quadro mais geral do mundo corporativo, eu o convido a fazer deste livro uma grande fonte de meditação para a sua vida e a desenvolver o seu novo estilo de liderança, onde quer que você possa aplicá-lo: na sua casa, no seu bairro, com seus amigos, com seus familiares, e principalmente nos seus negócios.

Capítulo 1

A HISTÓRIA DOS MEUS PAIS

Em meados de 1950, a Espanha sentia os efeitos devastadores da Guerra Fria e constantemente enviava jovens recrutados para lutarem na União Soviética e na Coreia. Meu pai, que era espanhol, nasceu em 1930 no estado da Galícia, em uma pequena cidade chamada San Miguel do Campo. A região onde nasceu era muito pobre e a atividade econômica era basicamente a mesma das comunidades rurais da época. Ele era de uma família humilde e começou a trabalhar aos 11 anos de idade. Acompanhando o movimento nacional da época, ele certamente seria um dos próximos jovens a serem enviados para o campo de batalha assim que completasse a idade para isso.

Com as repercussões da Guerra na Espanha e o temor da proximidade de uma nova onda da Guerra na Coreia, crescia o desejo de imigrar para escapar daquele risco. Meu pai foi informado por um amigo que fugiria para Honduras; ao saber disso, tratou de preparar as suas coisas para fugir também. Ele foi até o meu avô para saber se a família tinha parentes que pudessem acolhê-lo naquele país e escreveu uma carta ao Consulado Brasileiro a fim de descobrir o endereço de um tio que supostamente morava no Brasil.

Tendo prosperado em seus esforços, meu pai conseguiu, por meio desse tio, um contrato de trabalho. No entanto, naquela época, os trâmites legais necessários demoravam muito, e ele teve que viver como refugiado por quase um ano na própria Espanha. Além disso, também esteve em Portugal e na França na mesma condição. Quando eu era criança, eu o ouvia contar que tinha passado muita necessidade, e dessa realidade dura que enfrentou nasceu uma linha de conduta que deveríamos seguir: dar valor a tudo, evitar desperdícios e ajudar a quem pudermos. Uma guerra, onde quer que aconteça, certamente nos torna mais humanos e une as pessoas. Quem conhece a história dos descendentes de José no Egito, conforme narrada no livro do Êxodo, sabe que a perseguição do faraó fez aumentar a força dos hebreus naquele país.

Embarcando em um navio, meu pai atravessou o oceano com o *status* de refugiado e, uma vez no Brasil, morou alguns anos no Rio de Janeiro sem documentação regular. Trabalhou em feiras livres comprando e vendendo produtos para sobreviver. Durante esse período, nutria o seu grande sonho, que era comprar um caminhão. Por pelo menos quatro anos, ele e dois amigos trabalharam e juntaram dinheiro até conseguirem comprar o primeiro veículo. Meu pai se tornou o motorista e o mecânico do caminhão.

Bem cedo em sua vida, ele aprendeu o que era passar fome e sentir medo de morrer. Por isso, quando veio como refugiado para o Brasil e teve a oportunidade de ser uma pessoa livre, decidiu que todos aqueles que estivessem ao seu lado não passariam por necessidade como ele tinha passado. Essa cultura adquirida durante a juventude de meu pai anos depois se tornou o espírito da empresa que ele mesmo criou. Do mesmo modo, esse espírito se refletiu em suas ações de ajuda ao próximo, que nos foram passadas como exemplo a ser preservado e seguido sempre.

Da minha infância, lembro de algumas histórias interessantes a esse respeito. Uma delas é a de um funcionário da empresa, anos depois de estar consolidada, cuja esposa tinha uma doença grave. Naquela época, o governo se negou a doar o medicamento necessário para o tratamento. Meu pai prontamente se ofereceu para pagar o tratamento, mas não era apenas uma questão de dinheiro.

Ele era observador e conhecia cada um dos trabalhadores que colaboravam com ele. Meu pai sabia o que se passava entre eles. Muitas vezes, não esperava o funcionário pedir algo que necessitasse e se adiantava para oferecer alguma solução para o problema. Como exemplo, podia fazer um empréstimo sem juros quando precisava resolver questões relacionadas à saúde e ao bem-estar do empregado, sempre nessa ordem de importância. Na verdade, ele desejava ver todos à sua volta tendo uma vida digna, e não poupava esforços para que isso acontecesse.

Como consequência natural desse ambiente, meu pai tinha mais do que funcionários: tinha amigos, companheiros que vestiam a camisa da empresa e "compravam" suas ideias, cooperando com ele no que fosse preciso para que pudesse acontecer aquilo que eles estabeleciam como objetivo a ser alcançado. Esse traço de engajamento até hoje é parte do DNA da nossa empresa e criou-se uma cultura organizacional forte, que tem se perpetuado ao longo do tempo e atraído talentos profissionais que agregam com valores humanitários em nosso meio.

Uma grande empresa não se constrói do dia para a noite. Impulsionado inicialmente pela necessidade de sobrevivência e pelo desejo de escapar de uma vida de dificuldades, meu pai trabalhou duro para nos deixar um legado. A adversidade nos transforma de maneira indelével. Ela nos ajuda a recorrer a mudanças no modo de enfrentarmos os problemas, e nos fortalece a ponto de deixarmos de lado o sentimento vitimista. Uma adversidade pode nos mover a atitudes otimistas, com o impulso da empatia, e nos leva a perceber cada oportunidade como um degrau para o crescimento.

Aos 37 anos de idade, meu pai conheceu a minha mãe. Na época, ela tinha 22 de idade e trabalhava como vendedora de cotas de empreendimento. Os dois ficaram amigos assim que ele se tornou um dos compradores dessas cotas. Minha mãe conta que a relação entre eles foi apenas de amizade, ao menos por um tempo, até que meu pai a conquistou, especialmente pela generosidade e pelo respeito que demonstrava por ela, que era sua marca pessoal com todos os que estivessem em seu caminho.

A certa altura de sua trajetória, meu pai foi desafiado pelo Presidente Juscelino Kubitschek. O Brasil estava em franco crescimento e precisava expandir o uso de carretas com prancha estendida, que são veículos apropriados para carregar equipamentos maiores. Meu pai não pensou duas vezes: cortou e adaptou um de seus próprios caminhões e deu origem àquela que seria a primeira carreta prancha no país. Assim, ele realizou o sonho de criar o seu primeiro negócio.

A índole inovadora e destemida é um dos fatores que determina um líder: para ele não há obstáculos, apenas ideias que precisam frutificar e soluções que precisam ser encontradas.

Um líder sempre acredita que pode realizar algo inovador e útil, para os outros e para si. E realmente pode!

Na época em que isso aconteceu, ele e minha mãe criaram a atual companhia da família, sem se preocuparem com a quantidade de trabalho a ser realizado por causa da demanda que poderia gerar. Eles foram movidos pela lei do maior esforço.[1] O empreendimento teve início com apenas dois caminhões e dois motoristas, sendo um deles o meu próprio pai. O impulso inicial logo se tornou uma empresa, oficialmente falando, graças à minha mãe. Meu pai, que, como se diz, veio para o Brasil "sem lenço nem documento", fechava seus contratos "com um aperto de mão", ou seja, na base da confiança. No entanto, minha mãe sabia que, se eles quisessem crescer, seria necessário organizar o negócio dando personalidade jurídica àquele empreendimento.

Com esse propósito em mente nascia, em 1966, a primeira sociedade entre eles. Começaram tudo do nada, mas, para a minha mãe, era uma das maneiras de ela demonstrar sua dedicação ao meu pai e à família. Minha mãe sempre foi uma mulher visionária. Isso foi notável quando, anos mais tarde, em 1988, ela saiu na frente e deu início ao primeiro serviço de escoltas no transporte de carga de Minas Gerais, para poder atender às leis federais determinadas na época pelo Departamento Nacional de Estradas de Rodagem do Brasil, o DNER.

[1] A lei do maior esforço é a condição pessoal da máxima vontade de despender esforço ou trabalho na consecução de alguma tarefa ou empreendimento com organização e perseverança, sem esmorecimento nem preguiça. Disponível em: <https://verbetoteca.info/verbete/lei-do-maior-esforco>. Acesso em: 28 jul. 2021.

O DNER era um órgão federal e estava vinculado ao Ministério dos Transportes. Em 2001, o DNER foi substituído pelo Departamento Nacional de Infraestrutura de Transportes, o DNIT. O pioneirismo de minha mãe e o perfil da gestão adotada por meus pais foram decisivos para que a nossa companhia alcançasse o sucesso que desfrutamos hoje.

Temos gravado na memória de nossa família que o trabalho não deve ser visto apenas como forma de se obter remuneração. Devemos trabalhar por um sonho, ter um ideal e persegui-lo, empenhar-nos pelo desejo de uma vida melhor para nós e para os outros. Todos aqueles que trabalharam ao lado de meu pai se lembram dele como um homem corajoso e determinado, alguém que amava o que fazia.

Já a minha mãe, até hoje é lembrada por ser uma pessoa que constrói a sua própria felicidade e que sempre esteve ao lado de meu pai, não por necessidade, mas por compartilhar os mesmos sonhos que ele. O casamento deles durou pouco, apenas dezoito anos. Mesmo depois de separados, ambos seguiram trabalhando juntos, exatamente porque o ideal em comum e a garantia de um futuro sólido para a família eram maiores do que as divergências.

Na década de 1980, a empresa atingiu um novo patamar. Meus irmãos e eu, a segunda geração da família, assumimos o controle. A companhia que já atendeu mais de 500 clientes tem números que impressionam: mais de 1 milhão de toneladas carregadas, mais de 25 mil embarques realizados e mais de 30 milhões de quilômetros percorridos por ano.

Como consequência da gestão humanizada implantada desde o início e da forte cultura organizacional criada por meus pais e continuada após o processo de sucessão, a empresa foi vencedora, por três anos consecutivos, do Prêmio de Melhor Empresa para se Trabalhar do Brasil. As histórias de colaboradores que deixaram a empresa por inúmeros motivos e que depois pediram para voltar são recorrentes. A busca pela satisfação pessoal dos funcionários é constante. Entendemos que existem diferentes tipos de talentos e investimos nas pessoas incessantemente. Isso é uma prática constante que honra o legado de liderança deixado por meus pais.

PRATIQUE

A inovação tem movido a evolução do ser humano no campo da tecnologia. Desde a descoberta do fogo e das possibilidades que ela abriu até a mais moderna tecnologia digital desenvolvida em nossos dias, as inovações surgem a partir das necessidades de uns e do ímpeto criativo e disposição em facilitar a vida de outros. Meu pai inovou ao ser arrojado o suficiente para cortar a carroceria de um de seus primeiros caminhões e, com isso, inaugurar uma nova era nos transportes na América do Sul.

Olhando à sua volta, quer no seu ambiente de trabalho, quer na vizinhança e no seu próprio lar, quais alterações poderiam ser feitas para que a vida das pessoas fosse facilitada?

Identifique pequenos procedimentos, eliminação de burocracia, acessos a pessoas com necessidades especiais, aproximação entre pessoas que possam gerar novos negócios ou simplesmente dar emprego a quem precisa.

Depois de identificar algo que valha a pena ser alterado, procure maneiras de interferir na realidade e não fique parado: inove e faça a diferença!

Capítulo 2

DESCUBRA UM PROPÓSITO MAIOR

O ano de 1982 foi marcante na minha vida. Isso porque começava naqueles dias a minha jornada no mundo profissional. Eu cursava o último ano do Ensino Médio e me preparava para o vestibular aproveitando alguns momentos vagos na rotina; além disso, começava a trabalhar com o meu pai na Transpes Minas, nome da empresa na época.

A Transpes Minas era uma empresa pequena, inaugurada havia dezesseis anos e nela iniciei a minha trajetória nos negócios. O que eu não poderia imaginar era o que estava por acontecer. Quando comecei a trabalhar, no mesmo local onde funcionava a sede da empresa, meu pai dirigia a transportadora e junto a ela uma casa de peças de reposição para veículos. Ele sempre dizia que, se eu quisesse trabalhar com ele, deveria começar na casa de peças, não na transportadora.

Eu segui o conselho e fui trabalhar onde ele mandou. Na casa de peças, aprendi a trabalhar com um equipamento chamado Kardex, que fazia o quantitativo do estoque. Ele relacionava as entradas e as saídas de acordo com as notas fiscais de compra e de venda para os gestores entenderem o fluxo do material na empresa. Era um serviço extremamente técnico, burocrático e que definitivamente não me encantava.

Como a Transpes Minas funcionava ao lado, sempre que tinha uma folga no serviço da loja de peças, eu corria para lá para conversar com os motoristas e com outras pessoas que trabalhavam ali. Eu me encantava com os casos contados pelos motoristas sobre o que acontecia nas estradas do Brasil. Eles falavam das dificuldades, dos desafios, da capacidade de superação e de toda a rotina daqueles homens que cruzavam o país de norte a sul.

Aquele era o meu meio, e eu gostava de ficar entre eles conversando, ouvindo as suas histórias e viajando na imaginação das coisas que eles experimentavam em sua profissão. Parecia haver algo que me chamava para lá, uma vontade estranha que fazia o meu sangue ferver de tanta vontade que tinha de trabalhar com eles!

Naquele mesmo ano de 1982 aconteceu uma das edições da Copa do Mundo, a Copa da Espanha, e, como era nascido lá, o meu pai viajou para aquele país e ficou lá mais de um mês. Como a empresa era pequena e tinha poucos caminhões e funcionários, um gerente de muita confiança e habilidade, profundo conhecedor de como eram feitos todos os negócios, tocou a empresa na ausência de meu pai.

Acontece que, logo depois que meu pai viajou, esse gerente sofreu um acidente de moto e precisou ficar internado em um hospital por muito tempo. Na sua ausência, não tinha outra pessoa que pudesse substituí-lo. Naquele mês, como não voltaria ao Brasil, meu pai ligava dia sim, dia não. Eram outros tempos, pois não existia a facilidade do telefone celular ou dos computadores, nem a possibilidade de mensagens de textos e áudio como temos hoje.

Em uma das ligações que fez, eu disse: "Pai, fique tranquilo, porque aqui eu vou tomando conta dos negócios com a ajuda dos amigos, dos outros funcionários e vai dar tudo certo". E foi assim que começou a minha jornada na Transpes Minas: na ausência do meu pai e com o gerente de operações internado em um hospital. Eu saía da loja de peças para ingressar num universo que enchia os meus olhos havia muito tempo!

Quando meu pai voltou, tive uma conversa com ele. Eu disse: "Pai, eu não quero mais trabalhar na sua loja de peças. Aceito todos os desafios, todas as dificuldades". Mas ele sempre me dizia: "Não trabalhe com transporte, transporte é muito difícil, você não tem hora, não tem dia, não tem férias. Comércio é muito mais fácil, você fecha a porta do estabelecimento e vai pra casa". Mas o meu coração e o meu desejo estavam ali, na Transpes Minas, e no relacionamento com as pessoas que aquela empresa gerava. Assim, depois de falar com ele, começava oficialmente a minha jornada no mundo dos transportes.

Quando eu olho a história dos fundadores da Transpes Minas, tanto meu pai quanto minha mãe, admito ter uma admiração enorme por eles, pelo legado que construíram em tempos de tanta dificuldade e poucos recursos. Meu pai foi um homem que concluiu apenas o ensino primário; minha mãe foi uma mulher de energia incrível! Os dois sempre foram muito trabalhadores e pessoas que queriam crescer na vida e dar aos filhos uma condição melhor do que a que eles tiveram quando mais jovens.

Como eu disse no capítulo anterior, meu pai veio da Espanha para o Brasil como imigrante e depois de ter chegado aqui comprou um caminhão, que era o grande sonho da vida dele. Nos três primeiros anos, após a compra do veículo, ele morou na boleia do caminhão. Na época, o país estava em franco desenvolvimento e por esse motivo ele pôde participar de grandes desafios. Entre eles, a lista de grandes empreendimentos nos quais esteve envolvido estão a construção de Brasília, a Usina Hidrelétrica de Itaipu, o Complexo Hidrelétrico de Paulo Afonso e muitos outros.

Você deve ter percebido que ele começou os negócios com muita garra, pois a situação não era favorável para uma pessoa que veio de baixo, sem recursos, fugindo da guerra em seu país de origem. Mas, como era um homem muito determinado, era traço de sua personalidade trazer à memória sempre a força que emana do próprio trabalho e a importância das boas amizades e dos relacionamentos saudáveis.

Ele e a minha mãe montaram a Transpes em 1966 e conseguiram transmitir para nós, os seus filhos, aquilo que foi a história da vida deles: a possibilidade de superação mesmo para quem não é privilegiado e a necessidade de sempre trabalhar duro.

Quando eu comecei a minha vida profissional, em 1982, trabalhando na Transpes Minas, pude manter a mesma inspiração de meus pais, a mesma vontade de superar obstáculos e sempre procurei me relacionar positivamente com as pessoas envolvidas com o nosso negócio. Aprendi com o meu pai a sempre tomar o cuidado de conversar com todas as pessoas, desde o porteiro até a pessoa no cargo mais elevado na hierarquia da empresa; afinal, ele mesmo foi um homem simples e soube da importância de tratar bem as pessoas considerando a dignidade de cada ser humano. Eu tive o privilégio de vê-lo demonstrar respeito e lidar com as pessoas com cordialidade, com alta consideração, sem se importar com qual fosse a capacidade ou o nível que ela ocupava na estrutura da empresa.

E foi com esse espírito e essa mentalidade que meus pais atraíram e motivaram os colaboradores que trabalharam com eles, passando os mesmos valores à geração seguinte, e desse modo nós construímos a Transpes. Estamos há décadas preservando esses mesmos pilares de confiança absoluta em Deus, de respeito irrestrito às pessoas, de cumprimento rigoroso com os compromissos que assumimos ao longo de toda a nossa história.

As muitas experiências vividas por nós em nossa história, algumas das quais contarei nos próximos capítulos, somaram-se para dar à Transpes o notável crescimento que alcançou no seu segmento. Além disso, vieram os reconhecimentos oficiais que se vê na forma das muitas premiações e condecorações. Elas são a coroação que o mercado especializado nos dá para o trabalho que fazemos na gestão humanizada da empresa.

Essa gestão humanizada, oriunda dos esforços do meu pai, foi o que nos diferenciou e ainda hoje nos faz ser reconhecidos pelos programas que implantamos na empresa e por aquilo que praticamos dentro do nosso grupo empresarial. Isso não acontece por acaso nem por pura sorte, pois não confiamos nisso. É, de fato, uma filosofia de vida, um espírito do qual estamos imbuídos por acreditarmos que os resultados surgem quando nos envolvemos de corpo e alma nos projetos e negócios que queremos ver prosperar.

Martin Luther King (1929-1968), mundialmente reconhecido como líder na luta pelos direitos civis dos negros nos Estados Unidos, falou sobre a necessidade de sermos determinados e generosos. Trata-se de uma combinação de competências saudáveis, que une uma característica racional e outra emocional, ou seja, envolve a totalidade das capacidades humanas.

Nós também precisamos ter sensatez. É ela que nos conecta à sabedoria, e a sabedoria está baseada em princípios, critérios necessários para nos levar à consecução de objetivos de longa duração. Em um mundo imediatista, onde a fluidez é a marca das relações e da essência das pessoas, esse traço de nosso DNA se torna um grande diferencial competitivo sem que com isso percamos a sensibilidade necessária para o trato com o ser humano. Afinal, são eles que integram a nossa empresa, como também as demais.

Além disso, é preciso preservar a capacidade de nos mantermos joviais, leves, divertidos, criativos e, até certo ponto, brincalhões. A nossa empresa encontrou equilíbrio entre todos esses elementos no decorrer dos anos. Como antecipei há pouco, esses traços não surgem a partir de uma reunião com a diretoria; é preciso tempo para desenvolvê-los e incuti-los na mente e no coração dos nossos colaboradores.

Logo que meus irmãos e eu começamos a trabalhar — por ser o mais velho eu comecei antes deles — conseguimos combinar essas competências que, sem dúvida alguma, nos levaram ao encontro do propósito maior da nossa existência como empresários.

O nome Transpes Minas significa Transportes Pesados Minas. Nos anos 1990, fizemos um *branding*[1] da marca. Por ser uma empresa que cobria todo o território nacional, não só regionalmente como o nome sugeria inicialmente, resolvemos tirar o "Minas", pois esse nome remetia a ideia de uma empresa de atuação limitada a uma região do país. Tendo feito isso, nos tornamos Transpes, que igualmente significa Transportes Pesados. Ao longo do tempo, percebemos que a marca e a imagem da Transpes estava associada não apenas a transportes pesados, mas também ao modo como conseguíamos transformar pessoas por meio do trabalho e do envolvimento delas com os nossos valores. Isso descrevia adequadamente a nossa jornada e o nosso maior propósito, que não era apenas sermos uma fonte de renda e de lucros para as pessoas envolvidas conosco. A Transpes é Transportes Pesados, mas a Transpes é, acima de tudo, Transformação de Pessoas!

O senso comum que prega que bondade e lucro não são compatíveis e não podem ser conjugados na mesma frase é mera suposição, é uma falsa e trágica ideia que está baseada no desequilíbrio entre esses dois bens, na leitura incompleta da obra de Charles Darwin e de Adam Smith. Ter de escolher entre as opções de cuidar das pessoas de um lado e manter interesses próprios de outro é como escolher entre os movimentos de inspiração e expiração. Pense como seria o movimento de inalar (inspirar o ar para dentro dos pulmões) como tirar algo do mundo e exalar (expirar o ar dos pulmões) como devolver algo

[1] *Branding* é o processo pelo qual se ajusta a marca e seu posicionamento no mercado, bem como a imagem, o *slogan*, os símbolos e tudo o que envolve a sua identidade visual. [N. do R.]

para o mundo. Nós inalamos o oxigênio que as árvores expiram e exalamos gás carbônico que as árvores inspiram. É uma troca que acontece ininterruptamente há milhares de anos! O que não serve para uns é vital para outros e vice-versa.

Uma das máximas mais conhecidas do mundo corporativo foi dita por Peter Schutz (1930-2017). Schutz foi um empreendedor e palestrante alemão que presidiu a Porsche, marca de carros esportivos de alto luxo, entre 1981 e 1986. Ele fez que as vendas da companhia aumentassem exponencialmente, e o modo como Schutz conduzia a gestão da Porsche, o espírito que ele espalhou pela companhia, assemelha-se ao modo que estamos descrevendo aqui. A sua máxima era "Contrate caráter, treine habilidades". Eu poderia dizer muitas coisas a respeito do conteúdo verdadeiro dessas palavras e de fato acredito nelas. Mas quero me concentrar apenas em alguns comentários para que possamos ver como empresas de ponta ao redor do mundo se valem dos mesmos conceitos que norteiam a nossa política empresarial.

Para Peter Schutz, é possível e necessário encontrar pessoas que tragam "de berço" valores transmitidos por suas famílias, tradições que se refletem na educação e na honestidade, na garra e na vontade para o trabalho e no desejo de servir ao próximo por meio de uma habilidade profissional. Esses valores pessoais, como são transmitidos pelas famílias desde a mais tenra infância, jamais podem ser aprendidos num curso técnico, numa universidade ou em qualquer outro lugar que venhamos a frequentar; a pessoa deve ser assim por sua personalidade e carregar essas virtudes consigo, por fazerem parte da sua história de vida. É aí que termina a parte pessoal e entra o aspecto profissional.

TER DE ESCOLHER ENTRE
AS OPÇÕES DE CUIDAR DAS PESSOAS
DE UM LADO E MANTER INTERESSES
PRÓPRIOS DE OUTRO É COMO
ESCOLHER ENTRE OS MOVIMENTOS
DE INSPIRAÇÃO E EXPIRAÇÃO.

Cada um de nós tem vocação para algum tipo de trabalho, de atividade, de negócio. Em sua sabedoria, Deus nos dotou de vocações das mais diversas a fim de que o mundo se tornasse equilibrado por meio da atuação de cada pessoa.[2] Isso quer dizer que todos temos indistintamente oportunidades dadas por Deus para realizar algo, mas somos nós que devemos nos empenhar em sermos bons diante dele e eficientes em nossa vocação.

Peter Schutz considera que as habilidades técnicas podem ser aprendidas por meio de cursos e estudos, diferentemente das habilidades pessoais que nem mesmo a melhor universidade pode conferir. Assim, aquilo que pode ser desenvolvido na empresa ou custeado por ela, para a melhoria dos seus processos e procedimentos, a empresa pode fazer em benefício do desenvolvimento dos seus colaboradores ou eles mesmos podem investir em suas carreiras. O esforço inicial, portanto, é encontrar pessoas com essas características pessoais e em seguida investir no seu crescimento profissional. Essa combinação pode ser vista na Transpes.

Assim como é possível vivermos em um mundo onde as pessoas respiram livremente, consumir o ar necessário para manterem-se vivas e em harmonia sem que falte para as outras pessoas, também é possível criar e manter empresas que primem pelos valores que prezamos. Dá para ser competitivo com dinamismo, jovialidade, criatividade, determinação, generosidade e decência. Eu posso dizer que esse não é um ideal meramente utópico, daqueles que almejamos sem poder alcançar um dia. Esse ideal já é realidade ao redor do mundo e tem sido experimentado

[2] Deus faz o sol nascer sobre todos, bons e maus, justos e injustos (Mateus 5.45).

na Transpes e em outras corporações que se pautam pelos mesmos princípios.

As empresas que têm maior dinamismo são aquelas que não são orientadas somente para lucro, mas que conseguem oferecer ou devolver à sociedade algo em troca, que é a beleza da transformação do indivíduo, a satisfação de viver uma vida com propósito, com atenção ao meio ambiente e ao meio social em que está inserida, com abundância e com alegria.

É possível observar que esse pensamento é bastante contemporâneo. Veja o caso do *best-seller*, *Empresas feitas para vencer.*[3] Nessa obra, o autor Jim Collins apresenta um quadro das empresas-modelo ideais do mundo de negócios dos últimos cem anos, que abriram seu capital na Bolsa de Valores. Apenas onze das empresas apresentadas por Collins ainda estão nessa lista hoje. Collins definiu excelência por um único parâmetro: desempenho financeiro. Ele destaca empresas de capital aberto que eram boas porque mostravam desempenho financeiro médio ou bom e depois se tornaram excelentes.

Os campos dos negócios, da direção empresarial e da formação de líderes têm sido influenciados por diversas ideias ruins e diferentes conceitos equivocados há muito tempo. Muitas dessas ideias se tornaram obsoletas diante da sociedade em que vivemos; lembre-se de que vivemos em um mundo capitalista e na era da informação em massa, como mencionamos na Introdução. Aqui quero destacar algumas ideias que perderam completamente a validade dentro da nossa atual realidade:

[3] COLLINS, Jim. **Empresas feitas para vencer**. Rio de Janeiro, Alta Books, 2018.

- As empresas existem para maximizar lucro para os seus donos;
- O trabalho só é importante à medida que gera renda;
- A melhor maneira de motivar as pessoas é usar uma combinação de recompensa e punição;
- O mundo do trabalho é separado, distinto da nossa vida pessoal;
- A melhor maneira de aumentar os lucros é pressionando empregados e fornecedores;
- É aceitável maltratar as pessoas, poluir o meio ambiente se, depois de conseguir o que quer, você doar grandes somas de dinheiro para a filantropia.

Essas são ideias erradas que muitas vezes estão impregnadas na consciência de líderes à frente de equipes e empresas hoje.

A evidência de nosso esforço e compromisso por mais e melhor desenvolvimento pessoal e coletivo é descobrir um propósito maior pelo qual devamos nos empenhar. Quando olhamos para a vida e a história de homens e mulheres que transformaram suas áreas de atuação e puderam melhorar a vida de milhares e de milhões de pessoas, observamos que eles não tiveram o sentimento egoísta do autobenefício somente. Os grandes saltos que essas pessoas deram e facilitaram a outras pessoas darem também sempre teve como marca indelével o olhar para o outro, o benefício do outro, a atenção voltada para além do próprio meio a fim de que houvesse um avanço coletivo ou mesmo em massa. O propósito pelo qual devemos nos empenhar sempre deverá ser mais amplo do que a circunferência do nosso próprio corpo.

Bob Chapman nos traz um grande exemplo de CEO e empresário e de como ter e privilegiar uma gestão humanizada. Ele não apenas compra empresas, mas diz que as adota como filhos. O seu grande valor é: "Medimos o sucesso pelo modo segundo o qual tocamos a vida das pessoas, não pelo poder, não pela posição, não pelo dinheiro, não pelo crescimento. A verdadeira liderança humana mede o seu sucesso pelo modo no qual as vidas são transformadas".[4] Através do seu exemplo, podemos dizer que o propósito dele não é criar um grande conglomerado empresarial, e sim disseminar um propósito real mais elevado que faça que as pessoas encontrem uma vida melhor a partir do trabalho e de como gerem suas profissões para esse fim.

Como dissemos antes e como concorda com a visão de Bob Chapman, entendemos que uma liderança bem-sucedida, ou como costumamos chamar "liderança de sucesso", deve reunir uma combinação de competências, como sensatez, determinação, generosidade, jovialidade, criatividade. Tudo isso precisa ter como base princípios e valores que sejam incorporados por toda a equipe. Quando uma liderança não consegue alcançar esse nível e, ao contrário disso, lamentavelmente, segue na direção oposta, logo se revelará o líder tóxico, que exibe uma expressão nociva no ambiente em que atua. Quanto mais se afasta desses elementos virtuosos tão fundamentais para os gestores empresariais de nosso tempo, menos sucesso deve esperar no seu empreendimento.

[4] Raj Sisodia e Michael J. Gelb citam esse exemplo no livro *Empresas que curam: despertando a consciência dos negócios para ajudar a salvar o mundo*, publicado por Alta Books, em 2020.

Enquanto escrevo este livro, passamos por um dos momentos mais dramáticos da humanidade no meio da pandemia provocada pela Covid-19 e as variantes (novas cepas) desse terrível vírus. Agora é um bom momento para se descobrir e incorporar um propósito maior na estrutura, na vida e nas relações corporativas que estabelecemos em nossa jornada profissional. Penso que esta é a hora de renunciar a legados destrutivos e opressores, de lideranças tóxicas e antiquadas. Esta é a boa hora de rejeitar e abolir a ideia de que somos simplesmente uma pequena engrenagem na máquina que polui o planeta e torna sofrível a vida de milhões de pessoas desprotegidas. Esta é a hora de pararmos de causar dor e sofrimento a nós mesmos e aos outros; é hora de viver mais e melhor e de encontrar um propósito superior para todos.

Quando começamos, pensávamos que Transpes fosse a empresa de Transportes Pesados; hoje, porém, sabemos que Transpes é Transformar Pessoas.

INSPIRE-SE

Vemos em Abraham Lincoln (1809-1865) um exemplo mundialmente conhecido de alguém que se empenhou por ocupar um posto, mas fez disso a ponte para alcançar algo maior. Lincoln foi o 16º presidente dos Estados Unidos e assumiu a cadeira da presidência em 1861. A história nos conta que o grande fato ocorrido em seu governo foi a Guerra da Secessão ou Guerra Civil Americana (1861-1865), conflito ocorrido entre os estados do norte, que eram abolicionistas, e os estados do sul dos Estados Unidos, escravocratas.

Embora alguns pesquisadores digam que a posição de Lincoln era dúbia em seus discursos, diferindo sutilmente

MEDIMOS O SUCESSO PELO MODO
SEGUNDO O QUAL TOCAMOS A VIDA DAS
PESSOAS, NÃO PELO PODER,
NÃO PELA POSIÇÃO,
NÃO PELO DINHEIRO,
NÃO PELO CRESCIMENTO.

Bob Chapman

entre o que dizia para os estados do sul e os do norte, ele não concordava com a expansão da escravidão para os novos territórios que os Estados Unidos conquistava e advogava que, não sendo possível a abolição, a escravidão deveria permanecer limitada aos estados do sul.

Em 1860, Lincoln disputou a presidência dos Estados Unidos e venceu. O principal tema dos debates foi, como era de esperar, a abolição, e a sua vitória desagradou os sulistas escravocratas, dando início aos conflitos pela secessão ou separação dos estados do sul. Lincoln, que havia sido soldado do Exército, respondeu militarmente, mas os sulistas não recuaram, dando início à Guerra Civil Americana.

O conflito demorou para terminar. Com o escasseamento dos recursos, os sulistas foram enfraquecidos. Lincoln armou um cerco contra aqueles estados, acelerando o seu desabastecimento, somado à fuga de escravos para o norte.

Em 1863, Lincoln mexeu mais peças no tabuleiro e aumentou a sua popularidade ao decretar a Lei de Emancipação dos Escravos, em 1º de janeiro de 1863. A vitória do norte aconteceu dois anos depois e consolidou a abolição do trabalho escravo nos Estados Unidos.[5]

Lincoln nos inspira por insistir na manutenção dos princípios pessoais; mais ainda porque a sua visão abarcava toda a coletividade, isto é, a sociedade norte-americana. O historiador norte-americano Eric Foner considera Lincoln um político moderado, atribuindo a sua luta pela emancipação dos escravos basicamente porque ela violava os princípios

[5] Disponível em: <https://www.historiadomundo.com.br/idade-contemporanea/abraham-lincoln.htm>. Acesso em: 29 jul. 2021.

republicanos dos pais fundadores da América, grande parte deles protestantes puritanos. Entre esses princípios estão a igualdade de todos os homens e a autonomia de um Estado democrático, assim como consta da Declaração de Independência.[6]

PRATIQUE

Há um ditado que orienta a não colocarmos todas as laranjas na mesma cesta. Isso significa dizer que não é aconselhável investir ou aplicar todos os nossos recursos em apenas uma modalidade de investimentos.

Embora meu pai fosse o proprietário das duas empresas, a transportadora e a loja de peças, eu poderia ter-me acomodado na empresa em que trabalharia menos e na qual encontraria menos resistência e desafios mais leves. Afinal, sou legítimo herdeiro de tudo e teria o privilégio de poder escolher!

No entanto, eu olhava em todas as direções possíveis diante de mim e, mesmo tendo uma ocupação e rendimentos garantidos, fui atrás daquilo que encheu os meus olhos e me encantou, que era a Transpes, mais do que a loja de peças.

Na primeira oportunidade que surgiu, com a ausência do meu pai e a internação do gerente por causa do acidente de moto, eu tomei à frente de outros possíveis candidatos na transportadora e assumi o comando, dando início a uma jornada bem-sucedida dentro de um ramo no qual eu queria me desenvolver.

[6] Foner, Eric. **Free Soil, Free Labor, Free Men:** The Ideology of the Republican Party before the Civil War. [S.l.]: Oxford University Press, 1995.

Analisando o seu caso, na sua profissão ou dentro do campo onde a sua vocação pode ser desenvolvida, você diria que é daqueles que se contentam em fazer apenas uma coisa específica ou é aquele profissional inquieto, que vive procurando apreender novos conhecimentos e desenvolver novas habilidades?

Quando você pensa em inovar e em desenvolver-se, considera como único beneficiado você mesmo ou nos seus planos e projetos estão incluídas mais pessoas: família, amigos, colegas, a sociedade?

Olhe ao seu redor, dentro do raio de atuação que você entender ser possível chegar — ainda que não esteja a seu alcance hoje — e procure ver-se fazendo outra coisa diferente daquilo que faz atualmente. Tente imaginar-se como protagonista em outro campo de trabalho, em outra área de atuação ou até preparando-se em uma universidade para que possa mudar radicalmente de área de atuação. Considerando ser possível que isso um dia aconteça, para que setor ou atividade você migraria? É possível começar a dar os primeiros passos hoje nessa direção? O que o impede?

Relacione ao menos duas possibilidades factíveis para cada uma das questões propostas.

Capítulo 3

AMPLIE O NÍVEL DA SUA CONSCIÊNCIA

A importância de despertar a consciência para o coletivo

O mais alto grau de liderança é ocupado pelo líder servidor, um conceito desenvolvido recentemente. Durante muitos e muitos anos, entendia-se que o topo de uma organização, instituição, empresa ou qualquer outro negócio era ocupado por aquele que galgava degraus numa hierarquia fria e impessoal e que, uma vez no posto, deveria ser obedecido — não poderia ser questionado — e venerado por todos. Aliás, a própria palavra *hierarquia* tem sua origem na ideia de uma pessoa "santa", sagrada. Em grego, *hieros* (ιερος) significa sagrado, santo, e *arché* (αρχη) é o conceito filosófico daquilo que cobre tudo, está presente acima de tudo (de onde temos a palavra "arco").

No entanto, nos últimos anos, com as mudanças ocorridas na sociedade em geral, na mentalidade dos consumidores e por aqueles que se dedicam de corpo e alma a melhorar os processos e as relações comerciais nos setores onde atuam, vieram novas maneiras de enxergar a liderança e aqueles que ocupam os postos de maior poder e influência.

Hoje se sabe que o mais alto grau de liderança, o do líder servidor, está reservado para aqueles profissionais que cuidam das pessoas e entendem que são elas que fazem as empresas e os negócios funcionarem. Hoje é consenso no meio empresarial de ponta que os colaboradores, as pessoas envolvidas no negócio de ponta a ponta, são as responsáveis pelo sucesso de um empreendimento, qualquer que seja a sua natureza. Foi-se o tempo quando tudo girava em torno de uma pessoa, de uma cabeça, de uma "mente brilhante".

Nas gestões contemporâneas, o individual é visto com estranheza, ao passo que o coletivo é o objeto da atenção das equipes. Os líderes servidores são aqueles que se concentram no "nós" em vez do "eu". Assim como o comandante de um navio, o líder servidor sempre será o último a abandonar a empresa, que é seu barco. O comandante sempre está atento a todos aqueles que estão sob os seus cuidados na embarcação.

O líder servidor é a pessoa capaz de inspirar, fomentar transformação na vida das pessoas e fazer florescer o que há de melhor nos profissionais que o rodeiam. Eles entendem que o papel de servir ao propósito da empresa é maior do que realizar seu próprio papel ou satisfazer suas aspirações pessoais. Assim, costumam apoiar as pessoas que estão à volta deles e criam valor para todo o ecossistema em que estão inseridos, de modo que os princípios que regem a equipe (ou coletividade) se estedem às novas gerações, criando uma cultura diferenciada, renovadora, transformadora.

Os verdadeiros líderes chegam a posições estratégicas à custa do exemplo que significam para as pessoas. São eles que instigam outros a explorarem novas áreas de atuação e a ocuparem essas áreas por meio de novas habilidades desenvolvidas.

HOJE SE SABE QUE O MAIS ALTO GRAU DE LIDERANÇA, O DO LÍDER SERVIDOR, ESTÁ RESERVADO PARA AQUELES PROFISSIONAIS QUE CUIDAM DAS PESSOAS E ENTENDEM QUE SÃO ELAS QUE FAZEM AS EMPRESAS E OS NEGÓCIOS FUNCIONAREM.

Esses líderes apoiam e motivam suas equipes a desenvolverem o seu potencial plenamente e reconhecem o papel fundamental que está no desenvolvimento dessa cultura própria, de uma consciência que seja significativa e coletiva, ao mesmo tempo que cultivam o carinho e o afeto das pessoas e entre elas. Como disse no início do livro, no mundo corporativo contemporâneo é possível conjugar na mesma frase bondade e lucro.

Se alguém, há trinta anos, dissesse para mim que existe importância ou significado especial na escolha das palavras e na maneira pela qual atendemos ou damos atenção ao lidar com as pessoas, eu trataria isso com desdém e com pouca ou nenhuma consideração. Quando iniciei a minha vida profissional há cerca de quarenta anos, eu imaginava que as ordens dadas aos funcionários da empresa deveriam ser ordens diretas, com frases objetivas e sem me preocupar com o sentimento das pessoas, com o momento delas ou em como iriam interpretar as minhas palavras — desde que fizessem o que eu mandasse.

Ao longo da minha carreira, eu entendi que estava redondamente enganado. A verdade que foi se cristalizando em minha mente com o passar dos anos. Estudando o estilo de liderança de grandes nomes da história e lidando no dia a dia com pessoas diferentes, com temperamentos e culturas individuais distintas é que nós, líderes, precisamos desenvolver uma consciência diferenciada, que seja mais significativa, isto é, que se expresse com clareza e que vá além dos nossos próprios ideais e objetivos. Isso implica desenvolvermos a melhor capacidade de comunicar-nos coletivamente, de tal modo que cada pessoa consiga individualmente compreender de modo satisfatório aquilo que dizemos a elas. Afinal, as pessoas têm importância por serem indivíduos únicos e valiosos.

Basicamente, a boa capacidade de comunicar está ligada à linguagem utilizada. Às vezes, as visões, os planos e as metas podem receber nova vida ou morrer no descrédito, dependendo das palavras que o líder escolhe para articular o que pretende realizar e de como comunica isso à equipe. Cada um de nós pode estar ao lado da verdade, mas, se ela for apresentada de maneira errada ou confusa, ninguém irá acreditar em nós nem abraçar as ideias que expomos.

Quando escolhemos as palavras certas para apresentar uma visão, um princípio ou conceito, aquilo que dizemos tem maior probabilidade de se tornar incontestável, indiscutível.[1] Quando comunicado de modo adequado, tendo escolhido as palavras certas, os exemplos apropriados e o modo de apresentar que considere as condições e a cultura de sua equipe, aquele conceito ou ideia começa a ganhar vida, gerando motivação e entusiasmo nas pessoas.

Quando conseguimos apresentar satisfatoriamente as nossas metas e os nossos objetivos, conseguimos que todos defendam as ideias propostas e que todos lutem pela mesma causa. Por isso, é importante aumentarmos o nosso nível de consciência pessoal do "eu" para o "nós". Precisamos nos convencer de que é preciso aumentar a nossa capacidade de argumentar positiva e profundamente em favor das nossas ideias, considerando os elementos já mencionados: clareza, objetividade, benefícios, diferentes níveis de entendimento que variam de acordo com as características individuais dos membros da equipe. Há muito tempo, abandonamos a imposição das ideias, dos caprichos pessoais injustificados, da insistência

[1] Obviamente, isso se dá se o gestor, ou líder, analisou amplamente cada ponto ou variante daquilo que pretendeu comunicar aos seus colaboradores.

na vaidade humana pessoal em detrimento de um bem maior para o maior número de pessoas e das ambições egoístas que sufocavam a liberdade e inibiam a criatividade nas empresas. Hoje vivemos em um tempo que privilegia a composição das ideias e a consideração pela participação de todos. Antigamente se dizia: "Faça isso, porque eu estou mandando". Essa expressão caiu em desuso no mundo corporativo há muito tempo, bem como no âmbito familiar e nas relações pessoais.

Hoje a solidariedade e as parcerias dominam a pauta das prioridades nos diferentes setores da nossa economia, bem como na iniciativa privada. Aliás, é curioso que a palavra *entusiasmo*, que usei há pouco, tem a sua raiz numa palavra grega, que quer dizer "ter um deus interior" ou, melhor dizendo, "estar possuído ou cheio por Deus". De fato, as pessoas entusiasmadas estão abastecidas de uma força superior à das demais pessoas e podem, com maior facilidade, realizar atividades com excelência, de modo que as pessoas não entusiasmadas jamais poderiam realizar. Por que estou dizendo isso? Porque cabe ao líder servidor envolver as pessoas que trabalham com ele a ponto de elas serem tão entusiasmadas que consigam se tornar automotivadas na execução das novas ideias, no alcance dos objetivos e no sucesso de seus empreendimentos.

Há muitos anos, quando trabalhava com o meu pai, eu quis contratar uma pessoa recém-saída do sistema penitenciário. Ao ter contato com esse rapaz, a mim pareceu ser uma boa pessoa, que queria apenas uma oportunidade para refazer a vida, recomeçar, reescrever a sua história. Como eram próprios do nosso DNA os traços humanitário, social e de compaixão, acreditei que poderíamos ajudar aquela pessoa unindo a necessidade dela e o nosso perfil social. No entanto, a minha inabilidade em comunicar a ideia que eu tinha ao meu

O LÍDER SERVIDOR É A PESSOA CAPAZ DE INSPIRAR, FOMENTAR TRANSFORMAÇÃO NA VIDA DAS PESSOAS E FAZER FLORESCER O QUE HÁ DE MELHOR NOS PROFISSIONAIS QUE O RODEIAM.

pai, que, na época, era quem comandava a empresa, levou-me a ouvir um sonoro *não*.

De início eu fui até ele e disse: "Olha, pai, eu quero contratar fulano. Ele é recém-saído da penitenciária e acho que a gente pode perfeitamente dar uma oportunidade para ele aqui, para que possa recomeçar a própria vida". Meu pai disse que eu estava doido! Insistiu que fazendo isso nos transformaríamos em uma empresa de maus elementos, de pessoas antiéticas, e argumentou comigo que tinha muita gente melhor do que ele disponível no mercado para ser contratada; enfim, deu-me várias razões para sustentar o *não*.

Mas eu não me dei por convencido. Os dias passaram, e eu tentei construir uma nova narrativa para aquela ideia, e retornei ao meu pai.

Da segunda vez que fui falar com ele, mudei o foco. Deixei de lado a ideia original e não iniciei falando sobre o rapaz que queria uma vaga conosco. Eu comecei falando sobre quem era o meu pai e sobre como o Brasil o tinha abraçado quando ele era um indivíduo que veio para o país em condições bastante desfavoráveis. Mostrei a ele como um imigrante europeu, sem nada a oferecer, tinha chegado ao Brasil e a maneira pela qual muitas pessoas estenderam a mão para acolhê-lo, dando a ele oportunidades. Aquelas pessoas confiaram nele, mesmo sem falar o nosso idioma, sem ter escolaridade ou habilidade suficientes, mesmo sem ser o melhor candidato para as vagas que ele ocupou. Além do mais, eu o lembrei que ele havia chegado aonde chegou na vida empresarial pelo favor de outras pessoas, e que em algum momento poderíamos nos tornar essas pessoas na vida dos outros, que, ao estender as mãos, daríamos a elas o nosso favor.

Enquanto eu avançava com essa nova narrativa, antes mesmo de chegar ao fim, ele me interrompeu e disse: "Tudo bem, eu entendi onde você quer chegar; vamos dar uma oportunidade a esse rapaz. Mas a responsabilidade é sua. Se alguma coisa de errado acontecer, eu vou cobrar de você", ao que eu respondi: "Perfeitamente, estamos de acordo".

Uma das paixões de meu pai sempre foram os trabalhos manuais. Quando ele podia consertar algo, aquilo que fazia apresentava excelência. Ele era exímio no que fazia e em geral gostava de mexer em motores: caixa de marcha, diferencial, eixos. Era comum o vermos gastando boa parte do dia na oficina vendo como estavam os caminhões, outras vezes carregando as peças, levando alguma coisa de um departamento para outro, conferindo as engrenagens, os rolamentos etc.

Meu pai sempre mantinha a seu lado alguém que o ajudava, como se fosse um assessor. A essa pessoa cabia carregar as peças para lavar, levá-las de um lado para outro, enfim. Por algum motivo, essa pessoa que o ajudava saiu da Transpes. Depois de alguns anos que o egresso do sistema penitenciário tinha sido contratado, meu pai não se lembrava da história de sua contratação. E precisamente aquele rapaz foi designado por meu pai para ficar ao seu lado acompanhando-o nas vistorias que fazia pela empresa. Você deve imaginar o tamanho da surpresa quando os dois se aproximaram.

Quando eu notei que isso tinha acontecido, disse para o meu pai: "Pai, você sabe quem é o seu atual ajudante? Sabe quem é esse que sempre está lá servindo, carregando as coisas que o senhor pede? É aquele funcionário, pai, que contratamos há anos, recém-saído do sistema prisional, depois de cumprir pena...".

Meu pai ficou absolutamente surpreso, porque eles eram consideravelmente próximos um do outro e meu pai gostava muito do rapaz. Percebi a alegria dele ao saber que tinha se aproximado daquele homem, e que este tinha realmente sabido aproveitar a oportunidade para recomeçar a sua vida.

O nosso programa de egressos surgiu com essa experiência positiva, ou seja, a primeira que deu início a diversas parcerias dessa natureza em nossa empresa.

O que eu quero destacar é que esse programa, que tem sido bastante positivo para a transportadora e, especialmente para esses homens, surgiu de uma consciência ampliada, de um despertar para uma visão coletiva. Mais do que isso, a experiência que tivemos e o programa que implantamos surgiu, em certo sentido, da criação de uma narrativa verdadeira que atingisse o seu objetivo — em outras palavras, o jeito certo de falar com o meu pai sobre dar àquele homem uma oportunidade. Se olharmos atentamente, vamos perceber que narrativa reelaborada tem a ver com a natureza e a trajetória do meu pai, vindo para o Brasil sem nada a oferecer. Ao contrário, ele veio buscar estabilidade e segurança pessoal. Como resultado da mente expandida que ele demonstrou ao longo dos anos, tivemos a preocupação em investir na vida das pessoas que tinham força de vontade; centenas de outros profissionais que passaram e que ainda estão conosco foram alcançados e beneficiados por aquilo que meu pai experimentou em sua vida e tem legado a nós, seus filhos, e aos inúmeros colaboradores que formam as nossas equipes.

Todos nós, muitas vezes, temos boas ideias. Há situações nas quais não sabemos comunicá-las às pessoas que estão conosco e que deveriam se juntar a nós para implementar novos projetos. Isso porque os nossos próprios argumentos são pobres, e são pobres porque a nossa consciência está subutilizada. A nossa visão tem curto alcance, e o nosso vocabulário e repertório são limitados. De todos os grandes desafios da liderança, desenvolver uma consciência significativa, que se expresse adequadamente, com clareza, objetividade e que entusiasme os nossos ouvintes é um dos principais, senão o principal desafio. O despertar de nossa consciência precisa acontecer visando aos aspectos coletivos das nossas relações sociais e do empreendimento em que estamos envolvidos.

INSPIRE-SE

Quando falamos a respeito de nos comunicar de maneira significativa, é comum lembrarmo-nos de um dos comunicadores mais eloquentes e inspiradores da História. Refiro-me ao discurso memorável do pastor batista e ativista pelos direitos civis dos negros nos Estados Unidos, Martin Luther King Jr. (1929-1968), no Lincoln Memorial, em 28 de agosto de 1963.

Antes de imaginar que entraria para a História com suas palavras inspiradoras, Luther King sonhou e comentou sobre o seu sonho durante uma reunião na Igreja Batista em Birmingham. Ele disse ter sonhado em "ver meninos e meninas negros indo para a escola com meninos e meninas brancos, brincando nos parques juntos e nadando juntos". Sobre o sonho, disse também esperar que "os negros pudessem comprar uma casa ou alugar uma casa em qualquer lugar para o qual seu dinheiro os levasse e eles conseguissem um emprego".

A despeito de todo o planejamento, doze horas antes, o discurso ainda não tinha sido elaborado. Quando ele e sua equipe se prepararam para o discurso durante a Marcha sobre Washington, ele comentou sobre o sonho, mas fez isso informalmente. A equipe não entrava em acordo sobre os temas a serem apresentados. Uns diziam que era preciso insistir em uma reforma ideológica e política no país; outros consideravam que King deveria apelar mais para algo como um sermão da igreja.

Com tantas opiniões divergentes, King pediu ao amigo e redator Clarence B. Jones que elaborasse um esboço. Jones propôs uma analogia com "afro-americanos marchando rumo a Washington para resgatar uma nota promissória ou um cheque por justiça", mas nada sobre um "sonho". Quando eles se reuniram novamente, o grupo começou a discutir sobre todos os elementos que estavam faltando, mas King simplesmente pegou as anotações e voltou para seu quarto, deixando-os com: "Agora estou subindo para o meu quarto para aconselhar-me com meu Senhor".

Martin Luther King Jr. não falaria sobre nenhum sonho no Lincoln Memorial na primavera de 1963. No dia da Marcha sobre Washington, suas primeiras palavras foram: "Estou feliz por me juntar a vocês hoje no que ficará para a história como a maior demonstração de liberdade na história de nossa nação".[2] E continuou falando sobre a história de luta por liberdade na América, usando a analogia do desconto do cheque por justiça".

Seu discurso seguia sem muito entusiasmo e, enquanto Martin Luther King Jr. falava para mais de 250 mil pessoas, a cantora Mahalia Jackson, um ícone da *gospel music* na época e ativa na luta pelos direitos civis ao lado de tantos outros, provocava o discursante dizendo: "Conte a eles sobre o sonho, Martin". Logo em seguida, ela insistia: "Conte sobre o sonho".

De repente, ele disse: "Não vamos chafurdar no vale do desespero, digo a vocês hoje, meus amigos. E mesmo que enfrentemos as dificuldades de hoje e amanhã, ainda *tenho um sonho*. É *um sonho* profundamente enraizado no sonho americano". No áudio original do discurso, quando Mahalia Jackson ouviu a palavra "sonho", é possível ouvi-la dizer ao fundo "Yeah!" ("Sim!"), por duas vezes.

Martin Luther King Jr. abandonou as suas anotações e de improviso abriu a boca e rasgou o coração com as palavras que

[2] Íntegra e áudio original do discurso. Disponível em: <https://www.americanrhetoric.com/speeches/mlkihaveadream.htm>. Acesso em: 31 jul. 2021.

TODOS NÓS, MUITAS VEZES,
TEMOS BOAS IDEIAS. HÁ SITUAÇÕES NAS QUAIS
NÃO SABEMOS COMUNICÁ-LAS ÀS
PESSOAS QUE ESTÃO CONOSCO E QUE DEVERIAM
SE JUNTAR A NÓS PARA IMPLEMENTAR NOVOS
PROJETOS.

ficaram eternizadas em nossa mente e nos causam impacto positivo até hoje: "I Have a Dream":

> Tenho um sonho que um dia esta nação se levantará e viverá o verdadeiro significado de seu credo: "Consideramos essas verdades evidentes por si mesmas, que todos os homens são criados iguais.".
>
> Eu tenho um sonho que um dia nas colinas vermelhas da Geórgia, os filhos de ex-escravos e os filhos de ex-proprietários de escravos poderão sentar-se juntos à mesa da fraternidade.
>
> Eu tenho um sonho que um dia até mesmo o estado do Mississippi, um estado sufocante com o calor da injustiça, sufocante com o calor da opressão, será transformado em um oásis de liberdade e justiça.
>
> Tenho um sonho que meus quatro filhos pequenos um dia viverão em uma nação onde não serão julgados pela cor de sua pele, mas pelo conteúdo de seu caráter.
>
> Eu tenho um *sonho* hoje!
>
> Eu tenho um sonho que um dia, no Alabama, com seus racistas perversos [...] um dia, ali mesmo no Alabama, garotinhos negros e meninas negras poderão dar as mãos aos meninos e meninas brancas como irmãs e irmãos.
>
> Eu tenho um *sonho* hoje!
>
> Tenho um sonho que um dia todo vale será exaltado e toda colina e montanha serão rebaixadas, os lugares acidentados serão tornados planos e os lugares tortuosos serão endireitados; "e a glória do Senhor será revelada e toda a carne juntamente a verá".
>
> Esta é a nossa esperança, e esta é a fé com a qual volto para o Sul.
>
> Com esta fé, seremos capazes de extrair da montanha do desespero uma pedra de esperança. Com esta fé, seremos capazes de transformar as discórdias estridentes de nossa nação em uma bela sinfonia de fraternidade. Com esta fé, seremos capazes de

trabalhar juntos, orar juntos, lutar juntos, ir para a cadeia juntos, lutar pela liberdade juntos, sabendo que um dia seremos livres.

E este será o dia — este será o dia em que todos os filhos de Deus poderão cantar com um novo significado:

> *Meu país é de ti, doce terra da liberdade, de ti eu canto. Terra onde meus pais morreram, terra do orgulho do Peregrino, de cada encosta da montanha, deixe a liberdade ressoar!*

E se a América deve ser uma grande nação, isso deve se tornar verdade.

E assim, deixe a liberdade ressoar nos cumes prodigiosos de New Hampshire.

> *Que a liberdade ressoe nas poderosas montanhas de Nova York.*
>
> *Que a liberdade ressoe dos crescentes Alleghenies da Pensilvânia.*
>
> *Deixe a liberdade ressoar nas Montanhas Rochosas cobertas de neve do Colorado.*
>
> *Deixe a liberdade ressoar nas encostas curvas da Califórnia.*
>
> Mas não só isso:
>
> *Que a liberdade ressoe na Montanha de Pedra da Geórgia.*
>
> *Ouvirei o sino da liberdade na Montanha Lookout do Tennessee.*
>
> *Deixe a liberdade ressoar em cada colina e pequeno morro do Mississippi.*
>
> *De cada encosta de montanha, deixe a liberdade ressoar.*

Quando isso acontecer e quando permitirmos a liberdade soar, quando a deixarmos soar de cada vila e cada aldeia, de cada estado e cada cidade, seremos capazes de acelerar aquele dia em que *todos* os filhos de Deus, homens negros e

> brancos, judeus e gentios, protestantes e católicos, poderão dar as mãos e cantar nas palavras do antigo estilo *negro espiritual*:[3]
>
> *Finalmente livre! Finalmente livre!*
> *Graças a Deus Todo-Poderoso, finalmente estamos livres!*

Comunicar-se significativamente envolve a alma, o coração, as aspirações mais intensas que um líder carrega. Quando ele consegue conectar-se com as pessoas de sua equipe ao transmitir o que leva no peito e na mente, acontece algo relevante que dificilmente as barreiras e os opositores poderão impedir que aconteça.

Napoleon Hill (1883-1970) é o homem a quem se atribui o desenvolvimento de uma ciência chamada ciência do sucesso. O magnata do aço americano Andrew Carnegie, impulsionado pela inteligência e pela ambição do jovem Napoleon, perguntou se Hill dedicaria vinte anos de sua vida, sem remuneração, para pesquisar e escrever o primeiro livro sobre a filosofia do sucesso desenvolvida e aplicada pelos líderes da América. Ele aceitou e de fato desenvolveu uma filosofia consistente e demonstrável. Em seu livro *Hábitos para Triunfar*, Hill diz haver duas causas de fracasso. A primeira é o hábito de desistir quando as coisas estão difíceis. Não importa quem você é ou quanto é competente em sua ocupação, haverá momentos em que as coisas serão difíceis e circunstâncias desagradáveis o afetarão. Se você ceder facilmente a esses obstáculos, pode desistir de tornar-se um grande sucesso. A causa do fracasso número dois é a procrastinação, a incapacidade de tomar decisões rápidas e definidas. A procrastinação é

[3] Estilo musical próprio das igrejas negras norte-americanas em que são entoados lamentos, mas também canções de louvor muito entusiasmadas, com gestos e expressão corporal bastante vibrantes. [N. do R.]

o hábito de esperar que algo benéfico aconteça, em vez de agir e fazer alguma coisa acontecer. Todas as pessoas de sucesso adquirem o hábito de criar circunstâncias e oportunidades favoráveis a si mesmas, em vez de aceitar o que a vida oferece.

PRATIQUE

Conforme vimos, as aspirações mais elevadas dos líderes da luta pelos direitos civis nos Estados Unidos encontram eco e ressoam até os nossos dias nas palavras do ativista e pastor Martin Luther King Jr. Não só os negros, mas também milhares de homens e mulheres brancos estavam lado a lado do líder. Havia um ponto de contato que fez com que a proposta e a aspiração da liderança e os anseios dos que o seguiam se conectassem tão firmemente. Quando há um ponto em comum – quer a linguagem, quer os desejos, quer as necessidades – a comunicação é facilitada e tende a ser mais efetiva e significativa.

Quais programas você tem implantado em sua organização ou em quais projetos a sua equipe está envolvida neste momento e que precisam de uma palavra que incendeie o coração de todos? A minha sugestão para o exercício prático deste capítulo é que você elabore algum tipo de comunicado (oral, escrito, visual ou outro) no qual possa ser identificado algum ponto em comum entre ambos os lados da comunicação: o emissor (você e os líderes da equipe) e os receptores (os ouvintes, os colaboradores).

Depois de elaborar o novo conteúdo, pense nas palavras, no nível da linguagem, nos exemplos e analogias e seja agradável e simpático na hora de transmitir a sua mensagem.

COMUNICAR-SE SIGNIFICATIVAMENTE ENVOLVE A ALMA, O CORAÇÃO, AS ASPIRAÇÕES MAIS INTENSAS QUE UM LÍDER CARREGA.

Capítulo 4

APRECIE A JORNADA

Até aqui, como naturalmente deveria ser, tenho dado certo destaque ao papel fundamental desempenhado por meu pai na criação de nossa empresa e, ao lado dele, o papel igualmente importante que a minha mãe exerceu nessa história. Como deve estar claro para você, as experiências de vida de meu pai estão refletidas no espírito e no DNA da Transpes, especialmente no aspecto das relações humanas que temos com aqueles que estão envolvidos em nosso negócio.

Neste momento, a minha intenção se volta para a minha própria história dentro desse contexto. Quero contar como a história pessoal de cada profissional, seja qual for o setor onde atue, é fundamental para a construção tanto da carreira dele quanto do propósito de vida dele.

As nossas experiências moldam o nosso perfil. O passado orienta o presente e o futuro. Em outras palavras, a nossa trajetória desde a infância e adolescência irão dar a tônica, o caráter marcante da maneira pela qual lidaremos com os desafios que surgirão em nossa caminhada. Se tivermos muita ou pouca cultura, se viermos de família com muito ou poucos recursos, se pudermos ou não ter bons estudos, se a nossa saúde nos primeiros anos de vida for boa ou fraca, todos esses fatores irão aparecer, mais ou menos claramente, em nossas atitudes diante e durante o percurso profissional que iremos seguir.

Quando olho para a história dos meus pais, eu não posso deixar de reconhecer uma grande admiração por eles e por aquilo que fizeram. Vimos como meu pai veio para o Brasil em 1950, aos 20 anos de idade, e chegou aqui com muitos sonhos, mas sem nenhuma escolaridade, sem nenhum recurso, sem sequer falar o nosso idioma. No entanto, ele estava disposto a construir os seus sonhos, que eram ter um caminhão e ser motorista desse caminhão. Hoje podemos dizer que se tratava de um sonho relativamente fácil de realizar, mas não naquela época, com aquela economia e para aquele homem especificamente. Depois de alguns anos perseguindo o seu sonho, meu pai já tinha conseguido comprar o caminhão. Isso aconteceu lá no início da década de 1960.

Quando olho para a minha mãe e a sua história, acontece a mesma coisa. Ela veio de uma família numerosa, com mais de 13 irmãos. Sempre foi uma mulher guerreira, batalhadora, que saiu do interior do Goiás e veio estudar em Viçosa, Minas Gerais. Minha mãe se formou na Faculdade em Viçosa e, depois da sua formação acadêmica, foi para Belo Horizonte procurar um trabalho e uma vida melhor.

Ao chegar ao Brasil, o meu pai foi para o Rio de Janeiro e de lá para Belo Horizonte, onde reside uma comunidade espanhola muito grande. Foi naquela cidade que ele encontrou pessoas que o ajudaram, que estenderam a mão para ele começar a sua vida profissional. Então, ele e minha mãe se conheceram, se casaram e eu nasci em 1965.

Durante algum tempo, nós moramos numa casa na Praça Raul Soares, na capital mineira. Pouco tempo depois, quando

QUANDO EU OLHO PARA A HISTÓRIA DOS MEUS PAIS, EU NÃO POSSO DEIXAR DE RECONHECER UMA GRANDE ADMIRAÇÃO POR ELES E POR AQUILO QUE FIZERAM.

eu ainda era criança, nós nos mudamos para uma casa no bairro da Pampulha. Era uma casa muito bonita. A Pampulha era como se fosse uma cidade do interior, mesmo estando na cidade de Belo Horizonte, não tinha o comércio desenvolvido, não tinha lojas, mas tinha outras atrações.

Eu cresci em um ambiente muito saudável, de muita tranquilidade dentro desse contexto familiar, de pessoas que eram humildes, mas que se esforçaram e perseguiram os seus sonhos em uma terra distante da sua terra natal. Apesar de todas as dificuldades que enfrentamos, guardo a lembrança do meu pai como um homem muito trabalhador, assim como a minha mãe. Ela, além de trabalhar fora, cuidava da casa e dos filhos. Nós somos três irmãos, pelos quais tenho enorme admiração.

É provável que, por ser o mais velho, o primogênito, eu carregue a responsabilidade de lutar para melhorar de vida, o anseio por liderar e empreender.

Uma das minhas grandes alegrias era ir para a cidade mineira de Juiz de Fora, onde a família do meu pai e boa parte dos meus primos morava. Em Juiz de Fora, eu me sentia como se estivesse em uma cidade "de fato". Talvez essa sensação se desse porque lá os meus primos moravam numa casa no centro. Essa percepção de um lugar familiar pode ter ficado registrado em minha memória afetiva na forma de um lugar que tivesse algo da minha vida familiar.

Os meus primos trabalhavam no comércio, em lojas. Do mesmo modo as minhas tias, ambas casadas, tinham lojas no comércio local. Elas também têm uma história bonita de muita bravura, de muita coragem. Os meus tios eram amoladores de alicate, de faca, e tinham uma cutelaria em Juiz de Fora.

Havia outros parentes que trabalhavam no comércio e que tinham lojas de presentes. Uma das coisas que lembro com alegria era ir para lá e poder ficar na cidade com os meus primos e poder trabalhar na loja do meu tio, na rua Marechal Floriano. Era sensacional trabalhar na loja do meu tio! Quando eu ia para lá já devia ter entre 14 e 15 anos de idade, e aquele era o lugar preferido para passar as minhas férias. Nós também passávamos o Natal ali.

No Natal, a loja do meu tio sempre tinha muito movimento, e eu aproveitava para ficar sempre junto dos vendedores quando iam atender os clientes. Não eram muitos os atendentes; três ou quatro vendedores davam conta das pessoas e o meu tio ficava o tempo todo observando o movimento. Eu estava ali para passar as férias e me divertir. Não tinha a menor obrigação com o movimento nem o atendimento. Mas recordo de querer aprender e ajudar.

A responsabilidade que eu assumia era atender as pessoas que iam à loja para deixar facas, alicates ou tesouras para amolar. A loja era mais bem conhecida por esse serviço. E essa era a incumbência que eu tomava para mim.

Volta e meia, quando os vendedores estavam ocupados e chegava um cliente, ele me procurava caso quisesse ver algum artigo na loja, que podia ser um aparelho de jantar, um presente de casamento ou um presente natalino de época, algo de maior valor. Quando esses casos aconteciam, meu tio percebia rapidamente que a pessoa tinha interesse em outras coisas que não só o serviço de pequeno valor, e ele mesmo saía de trás do balcão e dizia: "Olha, eu mesmo vou atender você, este é o meu sobrinho lá de Belo Horizonte, ele não entende nada dessa loja, está aqui passando férias".

Ele dizia exatamente a verdade, mas de um modo que me magoava bastante, porque eu queria poder mostrar o meu valor, eu queria mostrar que tinha condição de fazer uma venda de algo substancial.

Houve uma ocasião da qual me lembro bem, pois me marcou muito. Era véspera de Natal, e a loja estava muito cheia. Todos estavam atendendo quando chegou um casal. Não tinha ninguém para atendê-los, e eu fiquei meio desanimado de tomar à frente, porque eu não queria vender produtos. O meu negócio era com os alicates, chaves, tesouras e facas. Mesmo assim, eu perguntei se poderia ajudá-los e eles, mostrando estarem com um pouco de pressa, disseram: "Olha, nós gostamos desse material aqui, essa baixela completa de louça. Você *tem para* pronta entrega?"

Eu não sabia o que era baixela, não sabia quantas peças eram, não sabia absolutamente nada sobre aquilo. A única coisa que me facilitava a vida era que todos os produtos ficavam etiquetados e nas etiquetas tinha o preço informado. Então eu respondi àquela mulher: "Temos perfeitamente; temos no estoque". E ela falou: "Então você pode embrulhar *pra* nós, porque nós vamos levar de presente, agora. Pode ser?" Eu respondi: "Perfeitamente".

Dali eu fui para os fundos da loja, para o estoque, e perguntei às pessoas onde é que ficava aquela tal baixela. Peguei a caixa, embrulhei para presente e a loja continuava cheia. No final, tendo realizado a venda, aquilo foi algo sensacional a meu modo de ver. A venda da baixela e o embrulho foram para mim como se seu dissesse: "Você tem condições de ser um bom vendedor na vida. Você tem condições de fazer as coisas que os outros fazem".

EM NOSSA TRAJETÓRIA
PROFISSIONAL, E TAMBÉM PESSOAL,
AS IMPOSSIBILIDADES, AS LIMITAÇÕES E
ATÉ OS “NÃOS” QUE OUVIMOS NA VIDA
PRECISAM SER APRECIADOS.

No final do dia, quando a loja fechava, como de costume, havia um momento em que as pessoas diziam quanto tinham vendido. O vendedor que tinha vendido mais daria o saldo do seu dia, mas não era num espírito de competição; somente para informação do gerenciamento do negócio. Quando terminamos a contagem das vendas de todos, o meu tio disse: "Olha, hoje quem mais vendeu foi o Sandro. Nós nunca tínhamos vendido uma baixela completa de louça importada como essa que vendemos hoje".

Aquele fato foi marcante para mim, porque em nossa trajetória profissional, as impossibilidades, as limitações e até os "nãos" que ouvimos na vida precisam ser apreciados. Devemos aprender a digeri-los sem permitir que nos façam mal. Não foram poucas as ocasiões em que a relação profissional me levou a lugares que eu não gostaria de ir. Mas, quando temos a compreensão de que todo o ecossistema à nossa volta pode contribuir para encontrarmos o nosso propósito de vida; quando percebemos que as adversidades que enfrentamos na vida podem ser utilizadas para coisas maiores e melhores; quando nos damos conta de que os problemas não surgem apenas para nos derrubar, mas que podem ser usados para nos fortalecer e criar em nós a musculatura mental e emocional necessária para nos sobressairmos como líderes mais resistentes, passamos a apreciar essas ocorrências e a desenvolver a capacidade de lidar melhor com elas. Fazendo assim, começamos a apreciar mais a nossa jornada, e ela se torna mais leve e prazerosa.

Esse é um desafio que temos em nossa vida, quer seja no âmbito pessoal, quer seja no âmbito profissional. Mesmo encarando os vales, mesmo durante as noites, mesmo nos momentos mais adversos, devemos ter a capacidade de apreciar a jornada com a beleza que ela nos mostra — e a jornada é diferente para cada um de nós!

Aquele episódio, um simples episódio de venda poderia ter me causado uma retração enorme e me levado a não mais me dispor para vendas, a não querer mais ir à loja do meu tio ou até não querer passar as férias em Juiz de Fora noutra ocasião. No entanto, eu tinha em mim a consciência de que poderia superar aquele desafio. Eu entendi que o meu tio não estava dizendo por mal quando me deixou de lado para atender o cliente dele. Na verdade, ele estava falando *a verdade* do jeito dele, da forma que ele sabia. Ele poderia ter sido um pouco mais carinhoso, mas não é essa a questão. Naquele tempo, não eram comuns os líderes e proprietários de pequenos negócios serem hábeis no trato com as pessoas. Só recentemente no Brasil se começou a mudar a mentalidade comercial e empresarial sobre relações pessoais nas empresas, de modo que seria exigir muito dele nos anos 1980.

Além do mais, não é a maneira com o que os outros nos tratam que determina ou pode determinar as mudanças que fazemos. O que pode determinar é o modo segundo o qual interpretamos o trato dos outros e a leitura ou interpretação dos fatos que fazemos, assimilando da maneira certa, compreendendo da forma correta. Dessa forma, somos capazes de apreciar melhor a nossa jornada.

Aquele episódio poderia ter me quebrado emocionalmente, me desanimado definitivamente para o comércio, mas foi precisamente o que me fortaleceu e me construiu, porque de alguma forma eu queria, em algum momento, fazer uma boa venda. Eu jamais poderia imaginar que naquele dia eu faria a melhor venda entre todos na loja! Eu só queria fazer uma boa venda.

Aquela experiência deu a mim a possibilidade de construir uma vivência desse princípio que estou tentando expor: somos capazes de apreciar a nossa jornada, mesmo encontrando terrenos acidentados. A vida que temos, a história que carregamos, os "nãos" que nos são ditos, as portas que nos são fechadas, as situações de risco e de adversidades que vivemos, todas essas experiências de vida são orquestradas com um propósito maior.

Enquanto isso, em nossa transportadora, os negócios iam bem. Os caminhões tinham serviços que os ocupavam diariamente, mas eram velhos, e vez ou outra um caminhão fundia o motor. Isso era terrível, pois perdíamos muito tempo. Às vezes, as retíficas no motor demoravam mais de 30 dias até que pudéssemos colocar um caminhão em operação novamente.

Durante uma viagem de meu pai, eu tive uma ideia que achei brilhante. Já que não tínhamos dinheiro para comprar um caminhão novo, foi oferecida a mim uma promoção maravilhosa para comprar um motor novo. Eu achei aquilo sensacional, pois as condições de venda e de pagamento eram boas. Além disso, o negócio traria mais economia e melhorias em nossa eficiência, pois com um motor novo poderíamos substituir rapidamente um motor fundido e, em alguns dias, o caminhão estaria disponível novamente.

Eu me lembro que quando meu pai chegou de viagem e viu um motor zero quilômetro, bonito, ainda no plástico dentro da nossa garagem, perguntou o que era aquilo. Eu tentei dar a minha melhor explicação, mas não foi suficiente. A decisão dele já estava tomada, e ele disse em alto e bom tom: "Devolva o motor. Não tem a menor possibilidade de comprarmos isso agora".

NÃO É A MANEIRA COM O QUE OS OUTROS NOS TRATAM QUE DETERMINA OU PODE DETERMINAR AS MUDANÇAS QUE FAZEMOS. O QUE PODE DETERMINAR É O MODO SEGUNDO O QUAL INTERPRETAMOS O TRATO DOS OUTROS E A LEITURA OU INTERPRETAÇÃO DOS FATOS QUE FAZEMOS, ASSIMILANDO DA MANEIRA CERTA, COMPREENDENDO DA FORMA CORRETA. DESSA FORMA, SOMOS CAPAZES DE APRECIAR MELHOR A NOSSA JORNADA.

Apesar de não concordar e mesmo contrariado, devolvi o motor.

Pouco tempo depois, cheio de determinação e coragem, eu disse ao meu pai que estava na hora de comprarmos um caminhão novo. Os negócios estavam indo bem, e iríamos trabalhar muito para pagar aquele caminhão. Eu o lembrei que tínhamos economizado dinheiro na devolução do motor, apesar de isso não significar muito financeiramente.

Senti que aquele "não" que eu tinha recebido alguns meses antes tinha aberto o caminho para comprar um caminhão novo no momento oportuno e acreditei que havia chegado esse momento.

E foi o que aconteceu.

Às vezes o "não" funciona desta forma: para nos levar a uma melhor possibilidade mais adiante. É como uma pedra que está no meio do caminho. Ela precisa ser transposta, sem desânimo, sem reclamação, pois algo maior nos espera à frente: a jornada toda. Quem para no primeiro obstáculo perde o melhor da viagem.

INSPIRE-SE

Ele entrou para a história como o Chefe de Estado-Maior que planejou e organizou a mais famosa vitória militar de Israel. Yitzhak Rabin[1] era pouco compreendido por seus pares no governo do país, e as instabilidades na região exigiam uma boa dose de criatividade... e sorte! Israel

[1] A seguinte história está relatada em "Yitzahak Rabin, o soldado da paz", pela equipe do The Jerusalem Report. (Rio de Janeiro: Biblioteca do Exército Editora, 2006.)

AQUELE “NÃO” QUE EU TINHA RECEBIDO ALGUNS MESES ANTES TINHA ABERTO O CAMINHO PARA COMPRAR UM CAMINHÃO NOVO NO MOMENTO OPORTUNO.

enfrentava conflitos nas fronteiras com a Síria e o Líbano ao norte, com o Egito no sudoeste e com a Jordânia do leste. Internamente, havia uma população palestina sempre em tensão com os cidadãos do país.

Israel tinha menos soldados e menos armamento do que os seus inimigos e estava incrustado num território menor do que o deles. Ataques frontais eram impensáveis; era preciso planejar algo de surpresa, cercá-los pelos lados e à noite, se possível. Rabin era general do Exército na ocasião. Havia atritos com os sírios, ataques terroristas que vinham do lado egípcio e da Jordânia. O Egito lutava no Iêmen e havia adquirido armamento soviético sofisticado, dobrando sua força de carros de combate para quase 1.200 e uma frota de jatos com cerca de 350 unidades no início dos anos 1960.

Israel construía um aqueduto para bombear 300 milhões de metros cúbicos de água por ano do mar da Galileia. Os árabes planejaram e implementaram um plano para impedir esse projeto ousado. Perto do final de 1964, os sírios nas colinas do Golã, ao norte, tentaram desviar as águas que alimentavam o Jordão, fonte para o mar da Galileia. Assim tiveram início os atritos que levaram à importante guerra de 1967.

Houve uma onda de ataques terroristas vindos do Líbano, que invadiu Israel com o apoio da Síria. Escaramuças se intensificaram no começo de 1967. Em abril, aviões israelenses derrubaram seis *MIGs* sírios e, entre 11 e 13 de maio, os soviéticos deram ao Egito informações falsas de que Israel estava reunindo tropas na fronteira e planejava um ataque em grande escala.

Em 15 de maio, Rabin soube que o presidente do Egito e suas tropas avançavam contra o seu país. As tropas egípcias no

Iêmen foram ordenadas a retornar para dar reforço ao novo combate que se anunciava. Israel imaginava um apoio dos Estados Unidos, que nunca aconteceu. Os políticos israelenses esperavam uma saída diplomática, e os militares queriam uma ação imediata. Grupos assustados em Israel chegaram a abrir covas frescas em antecipação à mortandade em massa que se esperava. O primeiro-ministro David Ben-Gurion responsabilizou Rabin por levar o país àquela situação.

Rabin não teve apoio, estava isolado e com pouquíssimo apoio interno em seu país. Quando Rabin soube que o gabinete do governo aprovou por votação o ataque, um plano existente foi implementado. Em 5 de junho, às 7h45, enquanto a Força Aérea egípcia tomava seu café da manhã, quase todos os 200 aviões de guerra israelense decolaram, incluindo aviões de treinamento adaptados para a guerra.

Em três horas, os campos de pouso e as pistas egípcias foram destruídos, bem como as estações de radares e seis aviões de combate e de transporte ainda em solo. A Força Aérea egípcia foi toda destruída sem que um só avião tivesse decolado. No final de 16 horas de combate, 400 aviões inimigos tinham sido destruídos, e Israel perdeu apenas 19.

A Guerra de 1967 avançou para outras frentes contra outros países e foi a conquista de maior importância na história de Israel. Isso depois de seu general Yitzhak Rabin ter sido desacreditado em seu próprio país, ter sido deixado isolado pelo primeiro-ministro, não ter recebido apoio da potência aliada (os Estados Unidos) e a população ter se preparado para um morticínio sem precedentes na região.

Anos depois da Guerra de 1967, Rabin foi eleito primeiro-ministro de Israel tendo sido um dos maiores promotores da pacificação com os povos árabes.

PRATIQUE

Desde que somos crianças ouvimos "não", "não", "não" e "não". A pedagogia moderna não aprecia a negativa (ou o excesso de "nãos") dada às crianças, sob o argumento de que o "não" pode privar a criatividade delas, inibindo o processo de desenvolvimento como um todo, alienando o indivíduo de suas potencialidades mais marcantes.

Acontece que a minha geração foi educada ouvindo que certas coisas não eram possíveis. Havia brinquedos que nossos pais não podiam comprar, havia doces ou refrigerantes que não podíamos comer ou beber em todas as refeições, havia lugares para diversão que não nos eram acessíveis sempre que queríamos.

Quando nos tornamos adultos e ingressamos no mercado de trabalho, quando nos tornamos negociantes, ou mesmo em diversas outras situações da vida, recebemos "nãos" e tivemos que aprender a lidar com eles do mesmo modo. Foi aí que pudemos compreender que os "nãos" ouvidos ou recebidos nas fases iniciais da nossa vida nos treinam para sermos criativos nessas situações, levando-nos a buscar ou a criar alternativas para conseguirmos aquilo que inicialmente era o nosso objetivo.

Na seção PRATIQUE deste capítulo, queremos que faça um exercício de resgate de sua memória. Procure lembrar-se de uma situação em sua vida que um "não" recebido marcou você, positiva ou negativamente. Em seguida, faça uma

OS "NÃOS" OUVIDOS OU RECEBIDOS NAS FASES INICIAIS DA NOSSA VIDA NOS TREINAM PARA SERMOS CRIATIVOS EM ALGUMAS SITUAÇÕES, LEVANDO-NOS A BUSCAR OU A CRIAR ALTERNATIVAS PARA CONSEGUIRMOS AQUILO QUE INICIALMENTE ERA O NOSSO OBJETIVO.

reflexão sobre como isso afetou o seu modo de agir diante das contingências na idade adulta.

Procure lembrar-se de como você foi inspirado a buscar novas maneiras de agir a partir daquela experiência e de que maneira você pode transmitir essa marca em sua vida para inspirar outras pessoas com as quais você trabalha ou as quais lidera.

Sugiro que você também elabore um meio de contar a sua experiência para uma criança, mostrando a ela como uma negativa hoje pode ser positiva no futuro. Quem consegue contar uma história para uma criança e encantá-la, consegue transmitir conceitos para pessoas de todas as idades. Jesus é um grande exemplo disso. Ele sempre estava rodeado por crianças, e suas parábolas concentram ensinamentos profundos sobre coisas pouco conhecidas tendo como pano de fundo cenas e elementos do cotidiano das pessoas do seu tempo.

Capítulo 5

O PODER DA PRESENÇA

De modo continuamente crescente, a produção e a comercialização em massa dos computadores pessoais (os PC's) e o advento da Internet fizeram que os profissionais se desdobrassem em suas funções. Como houve demissões assim que as rotinas dos escritórios foram alteradas pela adoção dos computadores, aqueles que ficaram empregados tiveram que absorver parte do serviço dos que tinham sido demitidos. A situação prevaleceu de modo que muita gente, a fim de garantir o emprego, de se fazer presente e prestativo, acabou adotando como normal o novo modo de vida alucinante. Mas isso provocou a sensação de sufoco em muita gente.

Nos últimos anos, temos visto outra onda produzindo estímulos em nossos sentidos. Os aplicativos e suas funções têm tornado a vida de muitos de nós uma maluquice! E acredito que todos já sentimos os efeitos dessas novas tecnologias, embora alguns tenham conseguido administrar e lidar bem com eles. Afinal, a história está nos ensinando que esse caminho não tem volta.

Se você já se sentiu sobrecarregado com tantos estímulos, com tantas coisas para fazer, mensagens para responder, telefonemas para dar, temas a pesquisar, estudos e tarefas diárias para dar conta, você faz parte do grupo diferenciado. É o grupo das pessoas multifuncionais, com multitarefas a serem concluídas e para quem é quase uma obrigação fazer várias coisas ao mesmo tempo.

A demanda por tecnologia no mundo atual provocou e provocará cada vez mais essa sensação de sobrecarga ao mesmo tempo em que a tecnologia nos auxiliará de uma maneira nunca imaginada. Ela também contribuirá muito para a ocorrência de um fato inusitado que tem tomado conta da nossa vida. Refiro-me à *dispersão* e à *falta de presença.*

A capacidade de ouvir o outro com atenção é uma maneira de demonstrarmos o mais profundo respeito que o ser humano merece. Quando ouvimos alguém com a atenção devida, com os olhos e os demais sentidos, com a presença e com o coração, com a postura certa e com interesse, nós estamos presentes. O conceito de Mundo VUCA[1] em que vivemos retrata bem as experiências que temos vivido e como nos tornamos: voláteis, incertos, complexos e ambíguos. Essa nova situação faz aumentar o nosso nível de dispersão quando deveríamos estar concentrados. Por sua vez, a dispersão penetra o nosso sistema emocional de tal modo que alterar a nossa personalidade.

A dispersão na hora de nos concentrarmos em um assunto importante, a dispersão durante uma reunião, a dispersão durante um debate, quer familiar, quer social quer

[1] O conceito de Mundo VUCA surgiu em 1990, ao final da Guerra Fria, para descrever um mundo cheio de Volatilidade (*Volatility*), Incerteza (*Uncertainty*), Complexidade (*Complexity*) e Ambiguidade (*Ambiguity*). Disponível em: <https://www.institutoalgar.org.br/mercado-de-trabalho/mundo-vuca/>. Acesso em: 03 ago. 2021.

A CAPACIDADE DE OUVIR O OUTRO COM ATENÇÃO É UMA MANEIRA DE DEMONSTRARMOS O MAIS PROFUNDO RESPEITO QUE O SER HUMANO MERECE.

corporativo, nos deixa numa situação tal que é como se não participássemos daquele momento com a atenção devida, com o envolvimento necessário. Para a pessoa com maior grau de dispersão, tudo parecerá normal e adequado, mas à sua volta as pessoas perceberão que algo não está alinhado com o objetivo proposto.

É muito fácil participar de uma reunião e não estar nela; o mesmo vale para uma aula, um encontro com amigos ou com familiares e outras situações. É extremamente desagradável conversar com alguém e, por algum motivo, essa pessoa não dar atenção a nós ou se furtar a isso por estar envolvida com algo que a disperse, por exemplo, a rede social num aparelho celular.

Eu me lembro de uma ocasião recente em que almoçava com um amigo e conversávamos sobre amenidades. Fazia algum tempo que a gente não se encontrava, então falamos da família, da cidade, da vida pessoal. Mas eu, por puro descuido, volta e meia tomava o celular e respondia a uma mensagem do WhatsApp; de vez em quando, eu escutava uma mensagem de áudio e respondia também. Éramos apenas nós dois na mesa.

Depois de certo tempo, ele disse educadamente: "Olha, Sandro, eu estou vendo que você está ocupado, com outras coisas para resolver. Nós não precisamos nem almoçar". Ele pediu a conta e fez sinal que iria embora. Eu fiquei muito constrangido com aquilo, e ele disse: "Não se preocupe, dê atenção ao que você precisa, ao que quer dar atenção". Eu guardei aquelas palavras: "Dê atenção àquilo que você precisa, ao que quer dar atenção".

O CONCEITO DE MUNDO *VUCA* EM QUE VIVEMOS RETRATA BEM AS EXPERIÊNCIAS QUE TEMOS VIVIDO E COMO NOS TORNAMOS: VOLÁTEIS, INCERTOS, COMPLEXOS E AMBÍGUOS. ESSA NOVA SITUAÇÃO FAZ AUMENTAR O NOSSO NÍVEL DE DISPERSÃO QUANDO DEVERÍAMOS ESTAR CONCENTRADOS.

Naquele dia, aprendi uma lição para nunca mais esquecer: a atenção é uma escolha. Nós escolhemos a que ou a quem daremos a nossa atenção.

Hoje temos uma geração com déficit de atenção. Há adultos que não conseguem se concentrar, e isso é resultado do fraco treinamento que receberam nessa área. Hoje há crianças e adolescentes que passam horas em interações mediadas por aplicativos e em breve teremos um país inteiro de pessoas que não conseguem se integrar, pessoas que, depois de dois ou três minutos numa conversa, parecem se abstrair daquele momento, se dispersam de uma conversa e vão parar "em outro mundo", um mundo virtual que não é aquele onde estão presentes.

Esse comportamento tem sido considerado comum para as massas de adolescentes e de jovens adultos, mas não é. Quando temos atitudes como essa, de fácil e rápida dispersão, encaramos três situações que podem promover o déficit de atenção.

A primeira delas é o temor. Nós nos abstraímos durante uma reunião ou durante uma conversa quando estamos com medo de alguma coisa. Às vezes, nessas ocasiões, a melhor coisa a fazer é ligar a tecla *automático* para nos protegermos daquilo que parece ser uma ameaça.

A segunda hipótese para o déficit de atenção é a defesa; situação que guarda semelhança com aquilo que é igualmente temeroso. Adotamos uma posição defensiva diante daquilo a que não queremos ficar expostos por razões diversas: não queremos cair em contradição, não queremos ouvir ideias diferentes, não queremos ser confrontados, não queremos dar explicações difíceis etc. Situações dessa natureza nos fazem abstrair e com isso nos ausentamos daquele momento.

APRENDI UMA LIÇÃO PARA NUNCA
MAIS ESQUECER: A ATENÇÃO É UMA ESCOLHA.
NÓS ESCOLHEMOS A QUE OU
A QUEM DAREMOS A NOSSA ATENÇÃO.

A terceira razão pela qual se dá o déficit de atenção é a situação de autopromoção. Isso acontece quando participamos de uma reunião cujo intuito é para vender alguma coisa, ou mostrar o estilo de vida, ou defender a sua razão diante de um tema específico, ou mostrar que você tem supremacia e soberania sobre dada circunstância ou quando queremos nos autopromover. Então, com certa facilidade, enquanto os outros falam nos nós ausentamos, nos abstraímos daquilo que está acontecendo e que não promova a "nossa causa". Se entendermos que a conversa só é interessante enquanto existe a possibilidade de autopromoção, há algo que precisa ser corrigido em nós. Nesse caso, é preciso, como liderança, dar mais atenção ao foco, ter mais poder de presença.

O poder de presença, nessas situações, gera em nós a capacidade criativa, aumenta a apreciação pelo mundo e pelo outro e pode apresentar novas realidades que antes não víamos. Aquelas pessoas que são fechadas em si, que constroem o seu próprio mundo para nele viver e não desenvolvem a capacidade de ouvir o outro, dificilmente irão se abrir para novos conhecimentos e novas realidades. Consequentemente, as oportunidades serão reduzidas, e as chances de serem bem-sucedidas naquilo que se empenham serão bem menores.

Por último, o poder da presença é o gesto mais nobre para expressarmos a gratidão ao outro por aquilo que nos fez de bem, de favorável. Se você quer, de fato, demonstrar gratidão pelas pessoas em uma reunião produtiva, pelo momento em família ou pelos benefícios recebidos em um evento do qual você esteja participando, então esteja presente. Essa é a melhor forma de expressar gratidão pelas pessoas que participam daquele momento com você, pelas pessoas que o prepararam e o organizaram a fim de que você pudesse participar.

O PODER DE PRESENÇA GERA EM NÓS A CAPACIDADE CRIATIVA, AUMENTA A APRECIAÇÃO PELO MUNDO E PELO OUTRO E PODE APRESENTAR NOVAS REALIDADES QUE ANTES NÃO VÍAMOS.

Por isso, um dos grandes princípios de liderança é a capacidade de o líder estar presente. Hoje há uma expressão muito usada para expressar isso: *mindfulness*. *Mindfulness* é a capacidade de se concentrar, a capacidade de se conduzir integralmente em determinado momento, com as pessoas que estão experimentando aquele momento com você. *Mindfulness* é uma das grandes características do líder que constrói nas pessoas essa relação presencial. O contrário disso é a dispersão ou a ausência ou, ainda, o chamado déficit de atenção.[2]

INSPIRE-SE

O gênio italiano Leonardo Da Vinci pode ter convivido com o Transtorno do Déficit de Atenção,[3] ou dispersão, que é o modo mais leve da situação e como temos chamado neste capítulo. Essa hipótese foi defendida após uma pesquisa desenvolvida pelo professor de psiquiatria Marco Catani, da universidade britânica King's College London. O estudo, publicado pela revista *Brain*, revela a possibilidade do transtorno de Da Vinci através de documentos escritos por seus biógrafos e pessoas que conviveram com o artista italiano. É quase impossível determinar com absoluta precisão esse traço da vida do artista, mas os indícios apontados pelo psiquiatra Catani são fortes.

Um dos exemplos é a dificuldade de Leonardo Da Vinci terminar seus trabalhos. Ele também planejava seus projetos durante muito tempo, e mesmo assim havia casos que não

[2] O déficit de atenção (ou transtorno de déficit de atenção, TDA) é um transtorno neurobiológico com tratamento multidisciplinar.

[3] Ou Transtorno do Déficit de Atenção com Hiperatividade (TDAH). Disponível em: <encurtador.com.br/vD017>. Acesso em: 03 ago. 2021.

conseguia terminar. Além desses traços, há sinais próprios do transtorno do déficit de atenção, tais como inquietação e impulsividade. Isso apareceu desde a infância do artista e o acompanhou por toda a vida, segundo o estudo. Da Vinci era um homem agitado, que estava sempre em movimento e dormia muito pouco. Há relatos de que ele constantemente deixava um contrato e assumia outro. O cientista apresentou outras características comuns a pessoas dispersas.

No entanto, para o pesquisador Marco Catani, o caso de Leonardo Da Vinci demonstra que esse comportamento não remete à possibilidade de um QI baixo ou à falta de criatividade. Antes, à "dificuldade de capitalizar o talento natural". Em outras palavras, líderes que se vangloriam simplesmente por ter a agenda cheia de compromissos, que acham interessante passar muito tempo nas redes sociais respondendo mensagens, cheios de telefonemas para fazer, assuntos demais, tarefas diárias sufocantes, podem estar perdendo dinheiro e deixando de ser tão produtivos quanto poderiam, caso organizassem melhor suas rotinas. Quem sabe você é um líder genial como Da Vinci, mas ainda não se deu conta de que com pequenos ajustes e maior atenção você irá mais longe do que espera?

PRATIQUE

Depois de ler este capítulo, acredito que você pode ter identificado algumas situações nas quais esteve perdido nos seus pensamentos enquanto o seu corpo estava presente em uma reunião na empresa, com os amigos ou com a família. Penso terem ficado claras as implicações negativas para você, para as pessoas à sua volta e para os projetos que está liderando. No caso de Da Vinci, a pesquisa que investigou os traços comportamentais do artista concluíram que a dispersão e a falta de presença não estão relacionadas com a falta de inteligência nem de criatividade. Portanto, em linhas gerais, você pode melhorar bastante o seu desempenho diante dos desafios, dos estímulos e de tudo aquilo que pode estar sobrecarregando você diariamente e atrasando o seu sucesso.

Com tudo isso, quero encorajar você a tomar uma decisão para transformar a sua realidade, isto é, fazer uma avaliação a respeito do seu nível de participação e presença ativas com as pessoas nas mais diversas esferas e fazer os ajustes que julgar serem necessários. Você mesmo poderá promover ações adotando pequenas mudanças para que se concentre nas pessoas, mais do que nas atividades paralelas que roubam a sua atenção e presença.

Desejo que você esteja presente onde estiver!

Este é o desafio de quem sabe liderar, é o desafio de um grande líder: estar presente. Numa sociedade que tem se distraído com notificações e com coisas tão pequenas e improdutivas, precisamos liderá-la para que as pessoas se desprendam daquilo que as impede de crescer e frutificar. Seja você o primeiro a começar esse movimento nos meios que frequenta, com as pessoas que convive, nas reuniões das quais participa.

Quero encerrar este capítulo com uma história interessante: Certa vez, eu estava andando pelos corredores da Transpes e encontrei um colaborador recém-chegado à nossa empresa, a quem vamos chamar de Fábio. Ele se apresentou e me disse: "Prazer, senhor San, tudo bem? Eu sou o Fábio". Olhei o crachá dele e respondi: "Oh, prazer Fábio. Tudo bem? Que bom falar com você. Onde você trabalha aqui na Transpes? Qual sua área e quem é o seu gestor?". Ele contou um pouco da experiência dele na Transpes, a admiração que ele tinha pela empresa e como ele estava feliz em trabalhar conosco. De repente, ele para e diz: "Eu posso tirar uma foto com você?", ao que prontamente eu respondi: "Claro, perfeitamente!". Ele logo perguntou se poderia postar a foto, ao que eu também consenti.

Continuamos a conversar e ele falou: "Eu quero dizer que um dia eu vou sentar na sua cadeira", ao que eu respondi: "Não por isso, vamos lá na minha sala agora, você se senta na minha cadeira e a gente pode tirar uma foto". Nesse momento, ele olhou com firmeza para mim e disse: "Não, você não entendeu! Eu já conversei com a equipe toda do RH, já vi a trilha de carreira que eu preciso seguir e, se eu fizer tudo que está determinado ali na via de carreira, em aproximadamente vinte e dois anos eu vou poder ser o CEO da Transpes".

Aquilo me impactou tremendamente e fez a minha ficha cair, como diríamos antigamente. No final da conversa, ele me perguntou: "Posso mandar um e-mail para você?" e eu assenti. Dei meu e-mail para ele e ele começou a me escrever. Ele passou a me acompanhar em tudo o que eu fazia; se íamos ao refeitório, ele perguntava se poderia almoçar ao meu lado e ele se servia dos mesmos alimentos que eu: se eu colocasse carne, ele colocava carne; se eu colocasse verdura, ele colocava verdura; se eu colocasse arroz, ele colocava arroz. Começamos a conversar e ele sempre querendo mais, se aproximando, e eu percebi a importância desse relacionamento para ele. Ele fazia parte de um grupo de pessoas portadoras de necessidades especiais dentro da Transpes, era bem jovem.

Alguns meses depois, recebi um e-mail do pai dele dizendo quão importante estava sendo para o Fábio as relações que ele estava mantendo na empresa, especialmente comigo, disse que era uma relação de admiração e contou sobre a mudança que estava gerando na vida dele. O pai disse que o rapaz tinha mudado os hábitos alimentares, que passou a ler mais livros, pois nos e-mails que ele me mandava sempre perguntava qual livro eu gostava. Certa vez eu disse que gostava de ler a Bíblia Sagrada, ele então comprou uma Bíblia e começou a ler. Ele também perguntou que esportes eu gostava de praticar, eu disse que eu fazia caminhadas e jogava tênis, então ele também quis fazer caminhadas e jogar tênis, e assim sucessivamente. Ele queria saber o que era importante para mim, a que eu dava atenção, do que eu gostava ou não gostava, e eu sempre com cuidado procurando responder da melhor forma possível.

Para mim, foi uma alegria muito grande receber o e-mail do pai daquele jovem profissional dizendo que, de alguma forma, a conexão dele comigo, a aproximação dele, fez com que ele adquirisse novos hábitos, novos comportamentos e melhorar sensivelmente o comportamento dele dentro de casa e a vida pessoal dele.

Por isso eu digo que nós precisamos fazer uso frequente do princípio desse capítulo, o poder da presença, estar presente na vida das pessoas com intencionalidade.

Capítulo 6

A DÁDIVA DA IMPERFEIÇÃO

Entre as diversas e diferentes manias da sociedade contemporânea está o esforço por mostrar-se perfeita, irretocável. As redes sociais são um imenso mostruário de exposições da intimidade de pessoas querendo, na maioria das vezes, mostrar vidas felizes, rostos perfeitos, cabelos bonitos, roupas novas e passeios e viagens de causar inveja. Tanto é que os aplicativos criaram os tais filtros, que auxiliam a ocultar ou maquiar pequenas imperfeições na imagem daqueles que se dispõem a posar em imagens da vida perfeita.

No entanto, todos temos defeitos e imperfeições que são próprias e naturais da espécie humana. Quando alguém faz algo errado, não demora muito até que nos tornemos juízes que criticam aqueles que não se ajustam ao padrão socialmente aceito. Há um ditado popular que diz: "Por causa do carrapato, nós matamos a vaca"; outro traz uma moral da história semelhante: "Jogamos fora o bebê com a água do banho". Ambos os ditados querem dizer que, por causa de detalhes, descartamos tudo, e muitas vezes perdemos o que havia de bom naquela situação.

Com certa frequência cometemos o mesmo erro, não manifestamos o discernimento adequado, dia após dia, e, por causa do carrapato, mandamos embora a vaca. Aplicamos uma dosagem de vermicida muito forte e matamos mais do que é preciso — matamos pessoas, emocionalmente falando.

Se não eliminarmos as pragas das nossas lamentações, elas acabarão com a produção dos campos. Assim, não podemos eliminar de uma só vez as pragas incrustradas em nós, pois temos muitas delas na forma de fraquezas, limitações, condutas que precisam sem mudadas, hábitos e outras imperfeições. Ninguém pode tornar-se referência ou modelo de conduta da noite para o dia. Jesus disse que a fim de limpar o campo de trigo das sementes sem utilidade, o joio, ou seja, semente indesejada, não poderia ser arrancado de uma só vez.

Se você encontrar alguém que demonstre alguma fraqueza, não elimine essa pessoa do seu convívio caso tenha esse poder. Somos todos incompletos e imperfeitos; a nossa sociedade é como um grande mosaico ao qual Deus acrescenta pedacinhos pouco a pouco até formar uma grande imagem em que todos estejam acomodados. Se faltar um pedaço que seja, isto é, uma pessoa, toda a imagem do mosaico será descaracterizada. Quando estiver completo, e só então, a beleza da obra será evidente. Individualmente somos desfigurados, incompletos, limitados, cheios de fraqueza e imperfeição e não conseguimos demonstrar a beleza de quando estamos todos juntos. Por isso, não adianta tentar consertar a vida alheia; antes, temos que olhar "para dentro de casa", ou seja, para nós mesmos.

Como podemos acusar o outro e até matá-lo espiritual e emocionalmente se temos os mesmos defeitos deles? No livro clássico *O pequeno príncipe* nós lemos: "Tu te tornas eternamente responsável por aquilo que cativas". Cuide das pessoas

SE VOCÊ ENCONTRAR ALGUÉM QUE DEMONSTRE ALGUMA FRAQUEZA, NÃO ELIMINE ESSA PESSOA DO SEU CONVÍVIO CASO TENHA ESSE PODER. SOMOS TODOS INCOMPLETOS E IMPERFEITOS; A NOSSA SOCIEDADE É COMO UM GRANDE MOSAICO AO QUAL DEUS ACRESCENTA PEDACINHOS POUCO A POUCO ATÉ FORMAR UMA GRANDE IMAGEM EM QUE TODOS ESTEJAM ACOMODADOS.

que estão à sua volta. Elas são pessoas maravilhosas, mas com certeza têm limitações, como cada um de nós. Cuide com atenção, porque, dependendo da dose que aplicar na tentativa de curar os seus defeitos, matamos as pessoas e nos privamos da beleza que existe na vida delas e que pode nos ajudar a melhorar em aspectos que temos falhado.

A nossa cultura tem em grande estima os super-homens, as supermulheres, as pessoas supostamente dotadas de superpoderes, que reputamos capazes de resolver super problemas e levar o mundo ao seu destino perfeito. Isoladamente, avançaremos muito pouco. As pessoas se convencem da autossuficiência, acreditam serem individualmente empoderadas, enchem-se de um suposto autoconhecimento e pensam que por si só são capazes de vencer qualquer desafio. Pensam ser capazes de obter sucesso batalhando separadas umas das outras e que podem alcançar aquilo que almejam sem que necessitem do apoio e do auxílio de outros, por menor que seja.

Essa mentalidade de individualização, de autossuficiência, volta a dominar o sentimento coletivo de tempos em tempos. Desde a Antiguidade mais remota, temos notícias de pessoas que agiram assim e, em nossos dias, em razão dos desenvolvidos meios de comunicação, essa tendência se alastra por toda parte em diversos formatos: desde uma simples postagem motivacional até programas sofisticados de treinamento de lideranças em hotéis e *resorts* de alto padrão.

Não penso que o homem seja um fim em si mesmo. O filósofo Immanuel Kant desenvolveu a ideia da dignidade humana dizendo que o homem não é um meio à disposição de outras vontades. Tomando o assunto de uma perspectiva

A NOSSA CULTURA TEM EM GRANDE ESTIMA OS SUPER-HOMENS, AS SUPERMULHERES, AS PESSOAS SUPOSTAMENTE DOTADAS DE SUPERPODERES, QUE REPUTAMOS CAPAZES DE RESOLVER SUPER PROBLEMAS E LEVAR O MUNDO AO SEU DESTINO PERFEITO.

coletiva, é inegável que cada um de nós tem contribuições a dar para o próximo e para a sociedade como um todo.

As nossas imperfeições podem ser encaradas por nós como dádivas que devem ser capazes de construir pontes entre nós e os demais. Eu chamaria isso de poder da complementaridade, no qual a imperfeição de um, somada à contribuição do outro é capaz de nos levar a um estágio mais avançado e fazer progredir toda a humanidade, caso todos nós déssemos boas contribuições.

Na Transpes o resultado disso é muito claro, ainda que em pequena escala. Somos uma geração de três filhos e temos competências completamente distintas. A grande virtude que meus irmãos e eu temos é saber reconhecer como somos capazes de nos completarmos mutuamente; o que falta em mim está presente em meus dois irmãos e, igualmente, o que falta em cada um deles é encontrado nos outros dois. A medida dessa relação de complementaridade, que ao mesmo tempo é uma relação de imperfeições, que é conhecida e experimentada, é a maneira que temos de potencializar o que cada pessoa tem de bom e de virtuoso e que está à disposição do coletivo. Todos têm os seus dons, os seus talentos, e isso precisa ser potencializado e revelado publicamente à medida que servimos uns aos outros.

Do mesmo modo, todos temos fraquezas, imperfeições e limitações, e isso precisa ser retido pela virtude de outra pessoa do grupo e transformado assim que o convívio se dá nas nossas rotinas. A teoria sócio-histórica de Lev Semionovitch Vigotski (1896-1934), psicólogo russo ligado à educação, apontou para a história e para o convívio social como agentes que influenciavam no processo de formação da mente e na aquisição de linguagem. A cultura, segundo Vigotski tem a capacidade de moldar a formação psicológica do indivíduo e, assim, determinar a maneira pela qual ele irá pensar e, portanto, se comportar. Outros cientistas foram na mesma direção, afirmando que o convívio e a própria sociedade têm poder de coerção sobre as pessoas, de modo que a convivência exerce poder de mudar o nosso comportamento dentro do grupo em que estamos.

A beleza da liderança não está em expor a sua fraqueza ou a fraqueza dos seus parceiros, ou da sua equipe de trabalho. A beleza da liderança está em potencializar os dons e os talentos de cada um e bloquear ou neutralizar as imperfeições e as fraquezas dos indivíduos, levando a equipe a produzir mais de acordo com os seus dons e talentos. Todos somos seres complexos e aos olhos das pessoas somos "complicados"; todos temos uma visão restrita do mundo e de nós mesmos. Se nos conscientizarmos mais a esse respeito, se olharmos para dentro de nós e conseguirmos enxergar as nossas imperfeições e fraquezas, se entendermos que precisamos uns dos outros e que somente com a ajuda dos demais seremos capazes de ir mais longe e alcançar resultados ainda melhores, conseguiremos estabelecer um princípio fundamental para um bem maior para o maior número de pessoas. Este é um princípio universal da ética.

INSPIRE-SE

Penso que você provavelmente conheça ou tenha ouvido falar da história inspiradora de Nicholas Vujicic, o palestrante motivacional que nasceu sem alguns membros do corpo. Quando o assunto é aprender com as imperfeições ou tê-las como dádiva, ele dificilmente é superado. Nicholas nasceu com a síndrome de Tetra-amelia, sem braços, pernas e com dois pés pequenos. Mas nem isso o impediu de conquistar o mundo e se tornar uma referência na arte da superação e da inspiração a outras pessoas. Mais do que isso, Nick Vujicic está no topo de uma das atividades mais difíceis de se estabelecer, que é a de palestrante motivacional.

Se você considera suas imperfeições como obstáculos muito difíceis de superar, veja o que ele diz em seus discursos: "Deficiente não é quem nasceu sem pernas e braços, e sim aquele que tenta fazer algo e não consegue".

Para Nick, superar os obstáculos da imperfeição física é um desafio para quase tudo o que ele precisa fazer, diariamente ou até mesmo a cada passo, a cada hora. Mais do que isso: suas imperfeições físicas impõem sobre ele dificuldades que para nós não são sequer percebidas, como tomar um copo de água ou pentear os cabelos. Ele simplesmente não tem mãos!

Nick precisou aprender a contornar todas essas situações e desenvolver ou se concentrar nas virtudes que tinha para destacar-se no mundo dos negócios e na arte de motivar pessoas "normais". A sua luta começou cedo, já na necessidade de estudar. No estado em que vivia na Austrália, uma lei restringia o acesso a alunos com algum tipo de deficiência. Foi preciso mudar a legislação para que ele tivesse acesso ao ensino regular. Uma vez na escola, os problemas apenas tinham começado. Como toda criança, Nick tinha de ir ao banheiro, escrever, usar o computador e o mais complicado: lidar com o *bullying*.

Aos 17 anos de idade, Nick soube por sua mãe da história de outro homem que tinha uma grande deficiência. Ele percebeu que havia outras pessoas na mesma condição, e isso expandiu a sua visão de mundo. Lembra-nos a frase atribuída ao

A BELEZA DA LIDERANÇA ESTÁ EM POTENCIALIZAR OS DONS E OS TALENTOS DE CADA UM E EM BLOQUEAR OU NEUTRALIZAR AS IMPERFEIÇÕES E AS FRAQUEZAS DOS INDIVÍDUOS, LEVANDO A EQUIPE A PRODUZIR MAIS DE ACORDO COM OS SEUS DONS E OS SEUS TALENTOS.

físico Isaac Newton: "Se eu vi mais longe, foi por estar sobre os ombros de gigantes". De fato, Nick viu longe e conseguiu ir muito além de milhões de pessoas que contam com braços, pernas, pés e mãos.

Ele se formou em Contabilidade e Planejamento Financeiro com apenas 21 anos e depois passou a ajudar pessoas ao redor do mundo com suas palestras motivacionais para jovens em diversos países. Em uma palestra autobiográfica, ele diz que o único limite que devemos ter na vida é aquele que impomos sobre nós mesmos. Reconhecer as nossas limitações é importante, mas tão importante quanto isso é acreditar em nosso potencial e nos orientarmos pelas realizações que temos em mente. Para Nick, conseguir enxergar o invisível é uma possibilidade que temos em mente: "Que bom quando a gente tem a oportunidade de ver que podemos mais do que os nossos olhos físicos conseguem enxergar".

Nick Vujicic é a prova de que todos temos limites e imperfeições, mesmo que não sejam físicos, mas de outra natureza. As nossas limitações devem ser compreendidas e superadas com paciência e perseverança.

PRATIQUE

Vimos que um dos grandes desafios do líder é saber olhar para si mesmo e compreender as suas limitações como dádivas, não como algo determinado a restringir a sua capacidade de desenvolver-se e de desenvolver os talentos de sua equipe. Que as limitações irão surgir em vários momentos durante a nossa carreira, isso é uma certeza. Somente aqueles que não se engajam em algum projeto não enfrentam as dificuldades e as adversidades comuns a todo empreendimento.

Portanto, para superar isso, é preciso criar estratégias que driblem os problemas que vão surgindo. O planejamento é algo que ajuda a prever e contornar determinadas situações a curto e médio prazo. Mas isso não é tudo. Também é preciso criatividade e força de vontade, perseverança. A criatividade é útil quando algo surge inesperadamente, escapando do planejamento. A perseverança é necessária quando a situação é insistente e o líder precisa esforçar-se por mais tempo que o previsto até conseguir superar o obstáculo com a sua equipe.

Para este capítulo, quero sugerir que você faça uma retrospectiva e retome do ponto crucial em que você e sua equipe enfrentaram um problema. Para isso, leve em consideração um grande obstáculo que você enfrentou, para o qual se viu completamente limitado, sem recursos, atado pelas circunstâncias da empresa, da conjuntura econômica, do mercado. Esqueça o modo em que você agiu para superar aquela adversidade e agora, com a experiência adquirida com o tempo, trace uma segunda e, se possível, uma terceira alternativas que poderiam ter sido usadas para driblar aquele inconveniente de trabalho.

Use a sua capacidade imaginativa, mas sem se distanciar da realidade dos números e das situações da vida real. Procure trabalhar com o que é factível e construir cenários para superar a barreira enfrentada com perseverança, energia e competência.

Capítulo 7

APRENDIZADO PELAS DERROTAS

Um dos maiores e mais trágicos acontecimentos do século XX foi o naufrágio do Titanic. O Titanic foi o que chamamos hoje de transatlântico. O luxuosíssimo navio de passageiros britânico teve sua construção iniciada em março de 1909 e foi lançado ao mar dois anos depois, no mês de maio. Dizia-se que ele não afundaria, tamanha era a segurança empenhada em seu projeto. Ele zarpou em sua viagem inaugural da cidade de Southampton rumo a Nova York no dia 10 de abril de 1912, mas chocou-se com um *iceberg* em 14 de abril, naufragando completamente na madrugada do dia seguinte, com seus mais de 1.500 passageiros. Aquele se tornou um dos maiores e mais dramáticos desastres marítimos de toda a história.

A tragédia do Titanic pode nos ajudar a explorar alguns detalhes que serão úteis para o nosso aprendizado sobre princípios de liderança. Isso porque há vezes em que as derrotas, os fracassos e os desastres que acontecem a nós e aos outros podem nos ensinar mais do que as próprias vitórias, o êxito e o triunfo. A história do Titanic guarda segredos sobre o que o teria levado ao naufrágio. Dessa história extraí seis princípios sobre os quais podemos tirar lições simples, embora fundamentais para a nossa reflexão e aplicação na vida profissional, bem como em nossa jornada na liderança de equipes bem-sucedidas e empresas. Vejamos quais são.

O **primeiro** e grande princípio é **o perigo da soberba ou o perigo da arrogância**. Eu considero essas duas palavras muito similares em sua essência negativa quando observadas na vida de qualquer pessoa, seja um colaborador seja alguém que está no nível da gestão dos negócios. Soberba, orgulho, sentimento de altivez são perfeitamente intercambiáveis. Aliás, a soberba está relacionada entre os sete pecados capitais na história do cristianismo. O soberbo é a pessoa que olha as demais de cima para baixo, menosprezando, diminuindo, desprezando.

O Titanic representava a riqueza daquele período, a opulência, a extravagância, a grandeza de certa classe de pessoas da sociedade inglesa. Quando foram publicados nos jornais da época artigos sobre a inauguração ou lançamento do Titanic, houve quem dissesse que "nem Deus poderia afundar aquele navio". Note nessas palavras o perigo de nos acharmos insubstituíveis, indestrutíveis, os melhores, o máximo! A soberba nos mantém permanentemente descontentes. Ela nos dá certo ar de arrogância tal que deixa a pessoa com a sensação de que não poder ser confrontada, contrariada ou desagradada. Afinal, o soberbo, o arrogante, sempre acredita que está certo, que nunca erra, que está acima da média.

Perguntado sobre a maior virtude de um cristão, Agostinho (354-430) respondeu: "Humildade". Perguntaram a ele novamente: "E a segunda?", ao que ele respondeu: "Humildade". "E a terceira?", e novamente Agostinho respondeu igualmente: "Humildade".

A TRAGÉDIA DO TITANIC PODE NOS AJUDAR A EXPLORAR ALGUNS DETALHES QUE SERÃO ÚTEIS PARA O NOSSO APRENDIZADO SOBRE PRINCÍPIOS DE LIDERANÇA.

O **segundo princípio** universal que foi infringido e que pode ter levado ao naufrágio do Titanic foi **o perigo do individualismo**, ignorando a necessidade de se trabalhar em equipe. Durante aquela viagem, o capitão do Titanic, que se chamava Edward Smith, era considerado o melhor capitão de toda a Europa e, portanto, do mundo todo. Ele era tido como o mais bem preparado, ostentando um currículo impressionante. Não havia outra pessoa mais bem qualificada para estar no comando daquele navio.

Contudo, os relatos de alguns sobreviventes e o testemunho das pessoas que estiveram entre os navios próximos do Titanic naquela mesma noite dão conta de que aquele capitão recebeu pelo menos quatro avisos de que havia perigo naquelas águas. Esses avisos davam conta de que existiam *icebergs* na sua rota. Mas o capitão ostentava um objetivo pessoal, individual, e o seu objetivo era quebrar o recorde de travessia do Oceano Atlântico naquela viagem. Qualquer intercorrência em sua jornada poderia atrapalhar os seus panos.

O capitão Edward Smith não deu ouvidos à tripulação, nem ao oficial executivo do navio, seu primeiro subordinado, mantendo a rota e a velocidade, sem ouvir a equipe e sem prestar atenção nos avisos de perigo emitidos. Isso nos informa sobre a importância incontornável do trabalho em equipe, do sincronismo entre as diferentes pessoas envolvidas em um projeto. Trabalho em equipe é diferente do "trabalho em bando". Trabalhar junto não significa trabalhar em equipe. Muitas vezes há problemas de competições internas *versus* cooperação interna. Gestão pela culpa ou gestão pela responsabilidade, respeito seletivo ou respeito corporativo.

As diferenças aparecem quando as pessoas não sabem o que estão fazendo juntas, se estão formando uma equipe ou se são somente um amontoado de pessoas desorientadas. Quando não há a sintonia necessária entre as diferentes partes, não se pode ver a diferença entre fazer o que é esperado e ir além da expectativa. Trabalhar individualmente reduz drasticamente as possibilidades de superação dos limites humanos; nenhum de nós reúne as mais sofisticadas qualidades para superarmos uma situação normal, ordinária, do que quando reunimos diferentes dons e talentos voltados para a busca de objetivos mais elevados. Uma máxima ensina que , sozinhos, podemos irmais rápido, mas acompanhados podemos ir mais longe. Talvez o capitão Smith tenha pensado assim durante aquela viagem. Ele pode ter pensado em entrar para a história com a quebra do recorde e acabou entrando para a história como protagonista do maior naufrágio da humanidade, tão somente porque ignorou as virtudes e o resultado do trabalho de outras pessoas que queriam formar com ele uma só equipe.

Terceiro princípio é o perigo da **procrastinação**: deixar para amanhã o que precisa ser feito hoje. Mesmo depois da colisão contra o *iceberg*, o capitão continua a navegar com o Titanic por mais de uma hora sem preocupação. Se houvesse identificado o problema imediata e corretamente, iniciado a evacuação do navio e pedido socorro, o desastre e o morticínio não teriam sido tão grandes. Procrastinação é um legado cultural, é um mau hábito. Temos a tendência natural de evitar tudo o que é difícil e enfadonho, queremos nos dar as tarefas fáceis, prazerosas e de menor esforço, deixando as decisões difíceis para depois.

O **quarto princípio** que podemos observar e tirar lições pessoais a serem aplicadas em nossas vidas e na dinâmica de nossas equipes é o **cuidado** que se deve ter **com a falta de integridade**. Com essa história como ponto de partida, penso que a falta de integridade, somada a outros fatores que estamos apontando, pode ter contribuído para o naufrágio do Titanic. E eu quero dar a razão para isso. Trinta mil rebites naquela embarcação deveriam ser feitos de aço e cravados com equipamentos hidráulicos sob forte pressão. Mas a pressa de terminar a construção e sem recursos financeiros suficientes no estaleiro responsável pela construção do navio levaram os construrores a utilizar rebites de ferro e aplicá-los manualmente, o que, sem dúvida alguma fragilizou enormemente a capacidade de retenção do casco do enorme navio.

A banalização do trabalho, a lei do menor esforço, realizar as rotinas empresariais e a própria condução da carreira sem se importar com a excelência, com a mentalidade de que os fins justificam os meios, são exemplos de atitudes e posturas que indicam a falta de integridade no mundo corporativo. Isso pode ter origem ainda na infância e adolescência. Por que pesquisar e escrever um trabalho de escola se ele pode ser copiado? Por que ler um livro inteiro se é possível encontrar um resumo na internet? Por que estudar se dá para colar facilmente? Por que falar a verdade se, quando as coisas se complicarem, é possível mentir e enganar?

Dizer "não" a questões aparentemente simples, mas que revelam a integridade de uma pessoa, é um passo fundamental na construção de uma carreira sólida.

Dizer "não" a questões como essas é pensar em ganhos mais elevados amanhã, sem se importar com possíveis benefícios e regalias momentâneas. Isso é buscar a excelência.

A BANALIZAÇÃO DO TRABALHO,
A LEI DO MENOR ESFORÇO, REALIZAR AS
ROTINAS EMPRESARIAIS E A PRÓPRIA CONDUÇÃO
DA CARREIRA SEM SE IMPORTAR COM A
EXCELÊNCIA, COM A MENTALIDADE DE QUE OS
FINS JUSTIFICAM OS MEIOS, SÃO EXEMPLOS DE
ATITUDES E POSTURAS QUE INDICAM
A FALTA DE INTEGRIDADE
NO MUNDO CORPORATIVO.

O **quinto princípio** que percebi na tragédia do Titanic foi o **perigo da obsolescência**. Naquele tempo, início do século XX, foi o momento da transição da navegação a vela para a navegação a vapor, quando as embarcações passaram a ser movidas à máquina. A Revolução Industrial estava em seu momento de plenitude, e os modelos de direção eram invertidos. A navegação a vela e a navegação a vapor têm o timão invertido. Avisado sobre o possível impacto com o *iceberg*, o timoneiro virou o leme para o lado errado e direcionou o navio para a rota de colisão com aquela montanha de gelo. Isso pode ter ocasionado a mudança de rota inesperada e levado ao impacto do Titanic com o *iceberg*. Esse aspecto da transição de uma era para a outra nos ensina sobre a importância da atualização, da capacitação profissional, do investimento para que nos mantenhamos atualizados (se possível, à frente do nosso tempo), bem como a busca pela criatividade, pela inovação e manter-se sempre atento àquilo que é empregado como atualização para os processos e para as rotinas nas quais o profissional está envolvido.

Tome cuidado com expressões como: "Nunca fizemos isso antes"; "Isso é moderno demais para nossa empresa"; "Isso aqui não vai funcionar"; "Não estamos prontos para isso"; "Somos pequenos demais para isso"; "A teoria é boa, mas será que funciona na prática?"; "Ninguém vai gostar, ninguém vai se adaptar", são expressões que inibem e nos trazem uma rota de fuga à inovação.

O **sexto princípio** que pode ter levado o Titanic ao naufrágio foi a **falta de um bom planejamento**. Esse talvez tenha ocasionado o pior dos dramas entre os passageiros enquanto o imenso navio afundava. O Titanic não tinha botes suficientes para todas as pessoas a bordo; não tinha um plano de resgate, tampouco um plano de evacuação. A história conta que os botes que foram lançados ao mar tinham em média 28 pessoas, contudo cada bote tinha a capacidade para embarcar 65 pessoas. Havia 20 botes a bordo, mas a tripulação simplesmente não sabia o que fazer em caso de acidente. Isso nos ensina que o preparo para as contingências que surgirão, o preparo para os reveses que a vida nos reserva, o plano para contornar ou evitar as situações que podem acontecer precisam chamar a nossa atenção tanto quanto o preparo para a execução daquilo que é o dia a dia do negócio.

Nem sempre a vida se conduzirá como gostaríamos que fosse. Os imprevistos fazem parte de todo negócio, de toda carreira e da vida como um todo. Eles estão na rota e são parte dela. Aquelas pessoas superotimistas que não levam em consideração esse aspecto certamente serão negativamente surpreendidas e perderão tempo no trajeto, isso quando não puserem vidas em perigo.

Esses seis princípios podem ter resultado, de alguma maneira incisiva ou de modo parcial (ou combinados), no maior naufrágio da história da navegação. O aprendizado com os erros dos outros é melhor do que com os próprios erros, mas o aprendizado quase sempre se faz mais pelo que acontece de negativo do que de positivo, mais pelas derrotas do que pelas vitórias, mais pelo sofrimento e pela dor do que pela alegria e pelo triunfo. Felizmente em alguns casos não há vidas em risco, o que nem sempre acontece. E o Titanic, a sua história, as decisões do capitão Smith, a rota que ele tomou naquele dia e a perda de centenas de vidas nos ensinam muito no aspecto de liderança, no bom preparo com antecipação e na boa condução da rota dos nossos negócios.

INSPIRE-SE

Em 1949 foi criada a *Xerox Copier*, uma empresa de produtos fotográficos que lançou produtos inovadores e foi considerada um dos maiores sucessos comerciais individuais da história. A Xerox revolucionaria a prática de cópia de livros e de documentos.[1] Mas a sua história não se sustentou com a mesma intenção com a qual entrou para a história.

A empresa lançou-se no mercado de capitais, cruzou fronteiras internacionais, inovou com o lançamento de novas tecnologias, diversificou a oferta de produtos, impôs-se tanto no mundo empresarial como na vida das pessoas comuns. O principal produto da Xerox está na boca das pessoas até hoje, de modo que uma xerocópia é dita como "xerox", e até criamos o verbo "xerocar" quando queremos fazer uma cópia de algo com aquela tecnologia. O centro de pesquisas da Xerox, na cidade de Palo Alto, nos Estados Unidos, era tão avançado que ali surgiram outras inovações. Entre elas estão "computador pessoal, a interface gráfica de usuário, o padrão Ethernet, o mouse, a diagramação de documentos de texto, um software de criação de imagem que é avô do Paint e muito mais".[2] Steve Jobs "usou" ideias surgidas ali para serem desenvolvidas na Apple. Até mesmo a maneira de imprimir livros, que hoje

1 "A história da Xerox, a empresa que virou sinônimo de fotocópia", por Nilton Kleina. Disponível em: <https://www.tecmundo.com.br/mercado/123586-historia-xerox-empresa-virou-sinonimo-fotocopia-video.htm>. Acesso em: 30 jan. 2020.

2 Ibidem.

O APRENDIZADO COM OS ERROS DOS OUTROS É MELHOR DO QUE COM OS PRÓPRIOS ERROS, MAS O APRENDIZADO QUASE SEMPRE SE FAZ MAIS PELO QUE ACONTECE DE NEGATIVO DO QUE DE POSITIVO, MAIS PELAS DERROTAS DO QUE PELAS VITÓRIAS, MAIS PELO SOFRIMENTO E PELA DOR DO QUE PELA ALEGRIA E PELO TRIUNFO.

chamamos de *Print On Demand* (POD), ou impressão sob demanda, foram inovações possíveis graças a incrementos feitos por novas tecnologias desenvolvidas pela Xerox.

Mas dois *icebergs* ou reveses surgiram no caminho da Xerox. Um órgão federal nos Estados Unidos acionou a Xerox por monopólio, e ela foi obrigada a licenciar boa parte das marcas que tinha patenteado. Rapidamente a concorrência se aproveitou disso e adquiriu essas marcas, faturando em cima da antiga proprietária.

O segundo obstáculo enfrentado pela Xerox veio daquilo que falamos há pouco. A Xerox menosprezou a capacidade dos seus concorrentes — os avisos do timoneiro —, desprezou os avanços feitos pelas empresas do setor e subestimou as fabricantes de impressoras de tinta, meio de impressão diferente do utilizado pela Xerox. Paul Allaire e Richard Thoman, os dirigentes da empresa, acusaram-se e responsabilizaram-se mutuamente por isso, dando tempo para os concorrentes.

Na década de 2000, veio a público a existência de uma fraude na ordem de 2 bilhões de dólares em manobras fiscais. A Xerox teve que pagar 10 milhões de dólares em multas e depois disso não recuperou o fôlego obtido no melhor momento da empresa. Talvez, se fosse uma corporação menor, hoje ela não existiria mais.

PRATIQUE

Imagine duas situações.

Na primeira, você é o CEO da empresa que presta um serviço ou tem um produto bom, rentável e inovador (para este exercício, você pode considerar o seu próprio produto ou serviço). A concorrência levará um tempo até igualar-se a você ou ao seu diferencial no produto ou serviço. Você sabe disso. Considere os princípios que foram apresentados. O primeiro princípio, o perigo da soberba, e o quinto princípio, o da obsolescência, estão rondando você com uma presa inevitável com o passar dos anos.

Dentro do seu quadro de referência, isto é, da sua situação atual e real do seu negócio, quais mudanças, correções de curso ou avanços são possíveis de serem feitos para que você fique ao menos dois passos à frente dos seus concorrentes? Como é possível implementá-las hoje? A quem você poderia recorrer para isso: a membros da equipe atual ou teria que trazer pessoas e tecnologias de fora? O que seria necessário para isso: investimentos que você precisaria fazer? Humildade para negociar e chegar a um acordo com o que exige aquele bom profissional?

A outra situação é a do profissional autônomo no mundo em constante evolução na velocidade da luz. Pense que você trabalha ou presta serviços para a empresa citada anteriormente. Aqui quero acrescentar um ingrediente a mais. Sendo você um prestador de serviços ou um profissional qualificado, como poderia qualificar-se melhor para que tivesse um diferencial competitivo na sua carreira? Há hoje em dia, cursos de especialização, cursos de aperfeiçoamento e tantas outras ofertas que podem ser encontradas gratuitamente na Internet e dão àqueles que se disciplinam um *upgrade* na carreira. As inovações do mundo digital facilitaram muito a qualificação das pessoas que se interessam pelo crescimento pessoal e isso se traduz em melhores colocações e rendimentos mais apreciáveis. Uma simples busca no Google por "cursos gratuitos online" abrirá uma imensa gama de oportunidades e opções para qualquer pessoa.

Capítulo 8

A REGRA DE OURO COMO A CHAVE DE SUCESSO

Assim, em tudo, façam aos outros o que vocês querem que eles façam a vocês.[1]

Por mais dois anos, a Regra de Ouro tem sido ensinada como uma norma a ser seguida pelas pessoas que atuam como mediadoras das relações pessoais numa sociedade. Infelizmente o mundo tem aceitado as palavras que a compõe, mas esqueceu-se completamente do espírito que nela existe. A Regra de Ouro é: "Em tudo, façam aos outros o que vocês querem que eles façam a vocês.". Essas palavras foram ditas por Jesus há dois mil anos, mas condensam vários mandamentos que Moisés havia dado à humanidade mais de mil anos antes.

A Regra de Ouro é muito utilizada em nossos discursos, pois a conhecemos há muito tempo, mas pouco praticada no mundo polarizado, adverso, complexo, onde não se aceitam as diferenças e ainda se desrespeitam as pessoas que pensam diferentemente, ofendendo-as com muita frequência e facilidade — ainda mais nas redes sociais. Portanto, em geral, aceitamos a filosofia da Regra de Ouro como regra sólida de conduta ética universal, ensinamos e comentamos sobre ela

[1] Mateus 7.12.

com facilidade, mas temos falhado constantemente na compreensão do seu conteúdo com respeito à sua prática.

Todos os nossos pensamentos e ações, mais cedo ou mais tarde, acabam se voltando contra nós, quer para o bem, quer para o mal. Já dizia outra regra que aprendemos na escola: a toda ação corresponde uma reação. Ou como aparece na sabedoria popular, tudo se resume a um velho ditado: "Quem semeia ventos colhe tempestade". Por isso, não basta *conhecer* a Regra de Ouro, nem a sabedoria popular, como nenhum outro princípio ou regra universalmente aceita, por melhor que sejam. Mais importante do que conhecer esses conceitos e regras é saber como praticá-los e aplicá-los em nossa vida para viver bem e para o sucesso do maior número de pessoas.

A Regra de Ouro está registrada no Evangelho de Mateus, e em linhas gerais nos ensina que tudo aquilo que queremos que seja feito a nós devemos fazer aos outros também. Esse mesmo princípio foi "repaginado" na filosofia por Immanuel Kant (1724-1804), filósofo prussiano. Ele cunhou o imperativo categórico que diz: "Age como se a máxima de tua ação devesse tornar-se, através da tua vontade, uma lei universal".

A interpretação da Regra de Ouro é tão óbvia que se torna desnecessário explicá-la mais detidamente. Basicamente, tanto ela quanto o imperativo de Kant dizem: faça ao outro aquilo que desejaria que fizessem a você se eles estivessem na mesma situação. Para muitas pessoas, essa "ética da reciprocidade", como é conhecida, se tornou a moral dos fracos. Dizem esses que a pessoa que pensa e age dessa maneira, não acredita que a lei seja aplicável ou benéfica para quem está no mundo dos negócios. O argumento dessas pessoas é que o ser humano é parte da natureza e que a natureza é seletiva (a

A REGRA DE OURO ESTÁ REGISTRADA NO EVANGELHO DE MATEUS, E EM LINHAS GERAIS NOS ENSINA QUE TUDO AQUILO QUE QUEREMOS QUE SEJA FEITO A NÓS DEVEMOS FAZER AOS OUTROS TAMBÉM.

teoria de Darwin da sobrevivência do mais apto), eliminando, não protegendo os mais fracos. Mas essa doutrina da exclusão, hoje agravada pela detestável cultura do cancelamento, não é a base de uma relação de sucesso. Então, acredito que ela pouco se alinha com o modo de agir que pode engrandecer as pessoas. Há, de fato, pessoas que pensam que a riqueza consiste apenas na quantidade de dinheiro que alguém pode acumular. No entanto, costumamos dizer que existem pessoas que são tão pobres que a única coisa que têm é o dinheiro.

Riquezas duradouras e sólidas que vão além daquilo que é monetário e contabilizado consistem em diversos valores além dos bens materiais. Observe as pessoas cujo único objetivo é acumular riqueza e que não têm escrúpulos na maneira em que conduzem a própria vida para chegarem ao seu propósito. Estude a vida dessas pessoas e você descobrirá que não há alegria genuína e espontânea, não há conteúdo aproveitável nem admirável, não há capilaridade nem relações duradouras e estáveis, não há raiz nos relacionamentos pessoais, não há realização em seu entorno além daquela busca fria e vazia por mais dinheiro.

Observe e você irá perceber que essas pessoas não têm liberdade. Elas se tornam escravas da própria ambição pelo dinheiro e estão ocupadas demais para usufruir a vida que o dinheiro poderia dar a elas — e talvez com bem menos do que desejam adquirir. Sem coragem para oferecer alegria aos outros, elas também deixam de receber alegria para si mesmas; o pior é que muitos de nós invejamos essas pessoas e desejamos estar no lugar delas, acreditando que são bem-sucedidas. Mas o conceito real de uma vida ou carreira bem-sucedida não podem ser confundidas com isso.

Vamos considerar uma questão importante e fundamental. O universo é regido por leis. Existe uma lei universal e imutável segundo a qual inevitavelmente colhemos o que plantamos. Você já ouviu falar sobre isso e é algo importante, pois essa lei significa que, quando seguimos a Regra de Ouro, acionamos com ela uma energia que seguirá o mesmo curso. Essa vocação, essa energia, influenciará a vida das outras pessoas que podem ser atingidas por ela, voltando-se finalmente para nós. Isso irá nos beneficiar ou nos prejudicar, de acordo com a natureza inicialmente acionada, isto é, a intenção dada ao iniciar uma ação. Por isso, a Regra de Ouro deveria servir de modelo de conduta e prática em todas as nossas ações, em todas as nossas transações comerciais, em todas as nossas relações interpessoais. Mas não somente da boca para fora.

Ainda quero convidar você a olhar essa ideia de outra perspectiva. Sei que muitos não gostam de encarar a realidade como eu costumo expressar, mas eu devo repetir: cada ser humano cria a sua própria realidade. Fazemos isso com a atenção focada no nosso pensamento, isto é, com aquilo que atrai a nossa atenção, criando um estado similar ao que pensamos. Este é o aspecto prático daquilo que pensamos e imaginamos, originado no lado criativo da nossa vida. Portanto, esse estado de espírito imaginativo ou criativo tende a provocar ações que o identificam, buscando criar essa realidade que brotou dentro de nós. Essa é a capacidade da imaginação.

Quando uma pessoa compreende o poder criador do seu pensamento, compreende também os motivos que a levaram a estar e chegar onde está e de ter o que tem na vida e à sua volta. Há uma relação direta, entre o que pensamos e desejamos e o que realizamos e alcançamos. Pensando dessa perspectiva, você também compreenderá a importância de seguir a Regra de Ouro como conduta prática para toda a vida.

Quando uma pessoa age de maneira desleal e desonesta, a sua atitude provavelmente faz parte do seu estado de espírito, de modo que ela pode ter isso como norma para outras situações e repetirá o mesmo comportamento. Se alimentamos aquilo que está em nosso estado de espírito, inevitavelmente acabaremos por nutrir a deslealdade e a desonestidade ao nosso entorno, caso sejam essas as características que residam em nós. Você já notou que pessoas que costumam ser desleais e passar outras para trás acabam, elas mesmas, sempre sendo passadas para trás? Isso porque estão cercadas de pessoas que também são desleais.

O que eu quero que você observe com isso é que, se você olhar para os ambientes à sua volta, poderá perceber o que estou afirmando. Irá notar, por exemplo, que as pessoas nutrem muito ódio e raiva em seus corações, geralmente têm a tendência de serem atacadas por outras pessoas também cheias de ódio. A razão disso é que o sentimento de ódio de uma pessoa desperta o sentimento de ódio adormecido em outra, e aquele pensamento ou sentimento se materializa. Assim, não poderá haver sucesso nem felicidade num ambiente assim e nenhuma pessoa poderá ser feliz sem promover a felicidade das pessoas que estão à sua volta.

A nossa reputação é construída por nós, mas autenticada pelos outros, por aquilo que falam a nosso respeito. Contudo, o caráter de uma pessoa é construído e fortalecido por ela mesma. A maioria das pessoas se preocupa demais com a própria reputação quando, na verdade, deveria se preocupar com o seu caráter. Ao longo da vida buscamos uma reputação positiva e tentamos controlar as coisas que nos afetam, visando a manutenção da nossa imagem. Isso quase sempre redunda em frustração, porque não temos o controle sobre a nossa reputação. A reputação é algo externo, atribuído. Pode ser que pessoas não gostem de você, pensem diferentemente de você, critiquem o que você faz, mas, a despeito delas, devemos nos concentrar e cuidar da construção de um caráter ilibado. Este, sim, é uma das nossas responsabilidades. O nosso caráter é aquilo que verdadeiramente somos, é o resultado das nossas convicções, dos nossos pensamentos e dos nossos atos, ao contrário do que ocorre com a reputação, que é aquilo que os outros pensam que somos, fazemos e pensamos. Podemos torná-lo fraco ou forte, bom ou mau, claro ou confuso, mas dependerá de nós.

Isso me faz lembrar da história de um rei muito sábio e rico, que, ao adoecer, decidiu passar a coroa ao seu filho como herdeiro do trono. Mas, como o príncipe ainda era solteiro, ele deveria se casar antes de assumir o reino conforme a tradição local exigia. O rei resolveu escolher uma esposa para seu filho e para isso marcou uma celebração especial, quando apresentaria o príncipe e lançaria um desafio: a moça que vencesse o desafio se tornaria a sua esposa. Uma pobre serva do palácio ouviu os comentários sobre o desafio e ficou muito triste por saber que a sua filha, uma moça muito bela e honesta, nutria um sentimento especial de afeição pelo príncipe. O sonho da moça era, ao menos um dia, poder ver o príncipe de perto. Quando a mãe chegou em casa, a filha estava à sua espera. Ela também havia sido informada sobre as intenções do rei e esperava autorização da mãe para participar do grande desafio. Cética, a mãe tentou desencorajá-la, dizendo:

— Minha filha, o que você faria lá? Estarão presentes as mais belas e ricas moças de toda a nossa cidade. Tire essa ideia da cabeça. Eu sei quanto você gosta do príncipe e sei que deve estar sofrendo. Mas não transforme esse sofrimento em uma tortura ainda maior.

— Mãe — respondeu a filha — sei que não serei a escolhida, as probabilidades são mínimas. Mas é a minha única oportunidade de ficar pelo menos por poucos momentos perto do príncipe. Isso já me fará feliz.

Mesmo relutante, a mãe acabou consentindo com o plano da filha, e no dia da celebração a moça foi ao palácio. Lá, de fato, estavam não somente as mulheres mais belas e ricas do reino, como também as inúmeras moças de reinos vizinhos. Seus vestidos eram lindos, estavam cobertas de joias valiosas, adornos impecáveis, roupas distintas e exuberantes. A moça, tímida e humilde, manteve-se discreta num canto do salão esperando o príncipe aparecer e anunciar o desafio.

Enfim, no final da tarde, o grande momento chegou. O rei apresentou o príncipe, e este anunciou o desafio:

— Darei a cada uma de vocês uma semente de rara espécie, espécie raríssima de uma flor. Daqui a três meses vamos ter uma nova celebração. A jovem que souber cultivar melhor a semente e trouxer a flor mais bela, esta será a minha esposa. A filha da serva pegou a sua semente e foi para casa feliz, repleta de esperança. Na verdade, contra todas as probabilidades, ela teria uma chance. Precisaria apenas cultivar a flor com todo o seu cuidado e foi isso o que ela fez diariamente.

ISSO ME FAZ LEMBRAR A HISTÓRIA DE UM REI MUITO SÁBIO E RICO, QUE, AO ADOECER, DECIDIU PASSAR A COROA AO SEU FILHO COMO HERDEIRO DO TRONO. MAS, COMO O PRÍNCIPE AINDA ERA SOLTEIRO, ELE DEVERIA SE CASAR ANTES DE ASSUMIR O REINO CONFORME A TRADIÇÃO LOCAL EXIGIA.

Na manhã seguinte ao primeiro encontro, ela plantou a semente num vaso e passou a tratá-la e a nutri-la com todos os cuidados possíveis. Ela desejava que a beleza da flor fosse da intensidade do seu amor pelo príncipe. Se isso acontecesse, já estaria satisfeita.

O tempo passou, e um mês depois a semente ainda não havia germinado. A jovem tentou de tudo, usou de todos os métodos que conhecia, mas não conseguia fazer que a semente germinasse. Agora, dia após dia o seu sonho parecia mais distante, mas seu amor não permitia que ela desistisse. Por fim, os três meses passaram e a semente não havia germinado. A agora, o que fazer?

Dias antes da celebração, ela implorava, desesperada, para que a sua mãe a deixasse retornar ao palácio. Ela não pretendia nada além de passar mais alguns momentos na companhia do príncipe, queria ficar perto dele, apenas isso. A mãe era contra e estava irredutível. Queria proteger a filha da vergonha, da humilhação e da dor. Sabia que ela ficaria machucada para sempre, mas, por fim, consentiu que a filha fosse.

No dia da celebração lá estava ela, temendo que talvez não a deixassem entrar sem a flor cultivada. Ela levou o seu vaso vazio. Todas as outras jovens traziam flores lindas, robustas, coloridas, cheirosas. Havia rosas, violetas, jasmins, orquídeas das mais variadas formas, cores e exuberâncias. A pobre filha da serva do palácio estava triste, frustrada, envergonhada e trazia o seu pote vazio nas mãos. Sentia-se humilhada, mas também grata e animada por estar ali. O que ela poderia ter feito se a semente não germinara?

No fim da tarde, chegou o grande momento. Todas as candidatas foram colocadas em um círculo para ficar mais próximas e de frente para o príncipe. A moça também foi, com seu vaso vazio. O príncipe observou cada uma das pretendentes e parecia muito satisfeito com as flores que haviam trazido. Após analisar uma a uma, ele retornou ao centro do círculo para anunciar o resultado. Que surpresa, entre todas, o príncipe escolheu justamente a filha daquela serva do palácio que trazia o pote vazio.

As candidatas tiveram as reações mais inesperadas. Ninguém compreendia a razão de o príncipe ter escolhido justamente a moça que nem conseguira cultivar a sua semente. Então, calmamente o príncipe explicou o motivo da sua escolha:

— Essa bela moça — disse ele — foi a única que cultivou a flor que a tornou digna de ser a minha esposa e futura rainha do meu reino. Ela cultivou a flor da honestidade, pois todas as sementes que distribuí naquela tarde, três meses atrás, eram sementes falsas, portanto, estéreis. Elas não poderiam ter germinado.

Gosto dessa história porque ela nos ensina uma coisa importante. Pense sobre o assunto. Quantas vezes nos tornamos falsos e superficiais tentando imitar ou agradar a outras pessoas, por acharmos que, se parecermos com quem verdadeiramente somos, será muito pouco ou inapropriado para o momento. Apresentar-se com um pote vazio, quando todos se apresentam e ostentam ter conseguido cultivar flores robustas e coloridas, parece duro, árduo, triste e até humilhante. Mas nada impressiona e recompensa tanto quanto a honestidade, ainda que ela pareça feia como um pote de flor vazio.

Se a filosofia por trás da Regra de Ouro for compreendida e aplicada como deve ser, ela impedirá que atitudes desonestas sejam cultivadas. Mais do que isso, impedirá a prática das demais atitudes destruidoras, como o egoísmo, a violência, o ego inflado, o ódio, a malícia, entre outras.

Quando vivemos baseados na Regra de Ouro e a praticamos, tornamo-nos simultaneamente juízes e réus de nós mesmos. A Regra de Ouro nos deixa numa posição em que a honestidade começa em nós mesmos, no nosso próprio coração, e se estende para as nossas práticas e em relação a todos aqueles com quem mantemos contato. A honestidade que brota da prática da Regra de Ouro não é como aquele tipo de honestidade ocasional e oportunista, que só é aplicada quando convém — quando achamos algo na rua que não nos pertence e nos apropriamos disso, quando uma porta está aberta e aproveitamos para entrar, quando, por um momento, queremos aparecer diante das pessoas. Não há crédito algum em ser honesto quando isso nos traz benefícios diretos e imediatos. A Regra de Ouro mostra o seu verdadeiro valor quando nos custa algo, quando ela significa uma perda ou mesmo um prejuízo moral, mas uma recompensa maior no longo prazo.

Pense: enquanto a honestidade for uma atitude a ser louvada, a desonestidade seguirá sendo o normal.

INSPIRE-SE

Condenado à prisão perpétua em 1964, Nelson Mandela passou vinte e sete anos na prisão na prisão até ser liberto em 1990 depois de uma imensa campanha internacional em seu favor. A África do Sul viveu por décadas sob o regime do *Apartheid,* em que os negros sofreram intensa segregação, foram espoliados de suas terras e viveram encurralados em guetos. Com Walter Sisulu e Oliver Tambo, ambos militantes antirraciais, Mandela formou a ala juvenil do Congresso Nacional

PENSE:
ENQUANTO A HONESTIDADE FOR UMA
ATITUDE A SER LOUVADA, A DESONESTIDADE
SEGUIRÁ SENDO O NORMAL.

Africano, CNA, para lutar pelos direitos dos negros sul-africanos. O ativista branco Joe Slovo moldaria a posição política de Mandela, e logo o CNA passaria a congregar cerca de 100 mil membros em resposta ao endurecimento das leis raciais e o surgimento das políticas do *Apartheid*.

Em 1961, o CNA criou um braço armado, o *Umkhonto we Sizwe* (Lança de uma Nação), identificado pela sigla MK. Mandela foi o seu primeiro comandante, e a atuação militar do MK reagiria aos massacres promovidos pelo Governo. Na época, o MK entendia que *a não violência não era uma opção adequada*. Em outras palavras, o braço armado do CNA, sob comando de Mandela, entendia que a violência era o modo adequado para resolver as questões raciais no país e, uma vez preso, ele foi julgado pelos ataques que promoveu.

No entanto, o tempo que passou na prisão fez as ideias de Mandela mudarem de tal maneira que, duas décadas depois, o carcereiro responsável por cuidar de Mandela, Christo Brand, observando a rotina disciplinada e o comportamento exemplar do líder político, escreveu na biografia que publicou sobre Nelson Mandela:

> "Vi uma cordialidade rara entre aqueles homens e uma completa ausência de amargura por sua situação desesperadora.
>
> O companheirismo entre eles era quase invejável. Gosto de pensar que sentiam o mesmo em relação a mim, ao demonstrar ser possível, por todos aqueles anos, agir com compaixão ao mesmo tempo que os trancava nas celas e lhes servia a terrível comida da prisão.[2]

[2] BRAND, Christo; JONES, Barbara. **Mandela, meu prisioneiro, meu amigo.** São Paulo: Planeta, 2014. p. 91, 92.

Brand relata em seu texto algo da autobiografia de Mandela, *Longa caminhada até a liberdade*, que vale a pena reproduzir.

> "Ele afirmou que a pessoa mais importante da vida de qualquer prisioneiro não era o ministro da justiça, o comissário do sistema penitenciário nem mesmo o diretor da prisão, mas o carcereiro de sua seção. [...] os carcereiros muitas vezes demonstravam mais compaixão".

Mandela escreveu que "sempre tentava ser correto com os guardas da Seção B [onde estava confinado] porque *a hostilidade não levava a nada*".

E acrescentou as palavras do próprio Mandela:

> "Não havia por que ter um inimigo permanente entre os guardas. Era a política do CNA tentar educar todas as pessoas, até os nossos inimigos. Acreditávamos que todos os homens, até os carcereiros da penitenciária, eram capazes de mudar, e fizemos o possível para tentar influenciá-los. Em geral, tratávamos os guardas como nos tratavam".[3]

Mandela foi presidente da África do Sul entre 1994 e 1999 e, depois de sair, recebeu mais de 250 prêmios internacionais, sendo o mais importante o Prêmio Nobel da Paz, concedido em 1993. Isso confirma duas verdades. Primeira, as pessoas podem mudar, elas podem melhorar sempre, não importando qual tenha sido seu passado nem sua origem. Segunda, a Regra de Ouro é válida até mesmo entre aqueles que nós podemos reputar como páreas da sociedade. Mandela e seus

[3] Ibidem, p. 92.

companheiros de CNA foram capazes de aplicar tal regra, obtendo por outros meios os objetivos pelos quais lutaram a vida toda, além de alcançar o testemunho positivo das pessoas que os observaram, como o carcereiro Christo Brand.

PRATIQUE

Nos últimos vinte anos, uma onda de livros e palestras surgiu, trazendo uma característica jamais vista anteriormente. Diversos princípios contidos na Bíblia, especialmente no Novo Testamento, receberam uma nova leitura e um novo significado. Jesus foi observado pela ótica de técnico (*coach*), chefe executivo do escritório (*CEO*), psicólogo e líder por e para diversas áreas do empreendedorismo.

Esses conceitos, antes reservados ao campo da fé, foram considerados valiosos para o desenvolvimento pessoal, profissional e cidadão por toda parte. Mencionamos anteriormente o caso de Peter Schutz, da Porsche, que considerou o caráter um traço superior e mais desejável do que os conhecimentos técnicos para as pessoas que contrataria para a sua corporação. Além da Regra de Ouro, há várias virtudes elencadas nos textos da Bíblia, e uma lista especialmente importante delas encontramos na carta que Paulo escreveu aos Gálatas 5.22,23; o texto diz: “Mas o fruto do Espírito é amor, alegria, paz, paciência, amabilidade, bondade, fidelidade, mansidão e domínio próprio. Contra essas coisas não há lei”.

Considerando que ninguém rejeitaria essas virtudes quando observadas nas relações pessoais, sociais e empresariais, sugiro que você avalie o seu comportamento e atitudes com as pessoas com quem trabalha e seja radical com você mesmo. Reveja, admita e critique o seu próprio comportamento à luz dessa lista de virtudes. Seja franco e objetivo ao identificar falhas na sua maneira de lidar com as pessoas e assuma quando notar que não tem usado essas ferramentas úteis do fruto do Espírito com as pessoas. Assuma quando não tenha sido amoroso, nem alegre, nem pacificador, nem paciente, nem amável, nem bondoso, nem fiel, nem manso, nem autocontrolado.

Após identificar os traços negativos na sua relação com as pessoas, comprometa-se com mudanças reais e práticas. Anote medidas que deverá tomar, escreva-as, anote em *post-its* e cole-as no seu computador, no espelho, na mesa: enfim, faça algo que chame a sua atenção para a mudança e decida mudar para melhor!

Capítulo 9

O PERFIL DO LÍDER 4.0

Nas últimas décadas, diferentes disciplinas das novas ciências do comportamento vêm trabalhando para melhorar as competências pessoais em diferentes situações e para várias finalidades. O que elas estiveram desenvolvendo recentemente servem para nós de plataforma para o futuro que se avizinha; sim, elas melhoraram o nosso desempenho e capacidades que antes não eram percebidas.

Um exemplo grandioso é que de anos para cá passamos a falar e a nos preparar melhor no que chamamos "inteligência emocional". Até bem pouco tempo, inteligência e emoções não poderiam andar juntas, pois eram vistas como áreas da constituição humana que não poderiam ser conjugadas. No entanto, as competências desenvolvidas ainda não são suficientes para nos levar a um engajamento e à conquista daquilo que estamos vivendo no modelo de gestão que tem sido chamado de Gestão 4.0.

A Gestão 4.0 é a nova era nos processos gerenciais, em que os líderes devem desempenhar um novo papel, servindo mais de facilitadores e agregadores da equipe do que, como tradicionalmente se via, chefes. Sobre a gestão tradicional, eu poderia apresentar mais de dez competências amplamente reconhecidas como necessárias. São elas: confiança, boa comunicação, comprometimento, atitude positiva, capacidade criativa, intuição, capacidade de inspirar as pessoas, capacidade de se sintonizar com as pessoas, honestidade, capacidade de delegar e fluidez.

Acontece que hoje o grande desafio para os gestores é superar essas competências, ir além do que tradicionalmente era admitido e desenvolver novas habilidades e novas competências no chamado "VUCA". Essa expressão ou neologismo, como vimos, indica volátil, incerto, complexo e ambíguo. Por isso, quero explorar um pouco essa definição VUCA e tecer alguns comentários sobre as novas competências dessa revolução 4.0.

A seguir, está uma lista de algumas dessas competências; na sequência estarão alguns comentários sobre cada uma delas:

— O líder como pensador massivo;
— O líder como propósito de transformação;
— O líder como tomador de riscos;
— O líder com a capacidade de fazer grandes perguntas;
— O líder como conector, aquele que sabe conectar as pessoas.

A gestão 4.0 traduz a história da administração moderna desde a Revolução ocorrida no início do século XIX. A Revolução Industrial aconteceu primeiramente na Inglaterra entre 1760 e1840, e penso que foi um reflexo do início da administração científica aplicada à introdução dos meios de produção em larga escala. Depois veio a Segunda Revolução Industrial no início do século XX, que teve como referência os nomes de Henry Ford e Fayol. Depois, a Terceira Revolução Industrial

LISTA DE ALGUMAS COMPETÊNCIAS DA REVOLUÇÃO 4.0:

— O LÍDER COMO UM PENSADOR MASSIVO;

— O LÍDER COMO UM PROPÓSITO DE TRANSFORMAÇÃO;

— O LÍDER COMO TOMADOR DE RISCOS;

— O LÍDER COM A CAPACIDADE DE FAZER GRANDES PERGUNTAS;

— O LÍDER COMO CONECTOR, AQUELE QUE SABE CONECTAR AS PESSOAS.

ou Revolução Informacional, que aconteceu nos anos 1960 e 1970, introduziu os computadores nas grandes organizações e na indústria. Com a revolução que as novas máquinas trouxeram, houve uma explosão de conteúdos sobre gestão, vindos de autores como Tom Peters, Gordon Moore, James Champy, e isso aumentou à medida que nos aproximamos do ano 2000. A transformação digital dessa era se consolidou com Steve Jobs, da Apple, além de Bill Gates e sua Microsoft.

Agora está em curso a Quarta Revolução Industrial, no início do século XXI, que chamou a atenção dos especialistas entre os anos de 2015 e 2020. Essa Quarta Revolução traz a tão falada "disrupção" ou a ruptura total com certos procedimentos e padrões das revoluções anteriores, como a adoção de novos conceitos nos negócios, como a inteligência artificial, o *big data* e a Internet das coisas.

Dentro desse novo contexto e seus desafios, qual é o líder ou qual é o perfil do líder para esse novo mundo? Nesse cenário de revolução de tudo, as habilidades das gestões anteriores, como apresentei no início do capítulo, ou seja, as habilidades tradicionais não são mais suficientes. Elas foram consagradas no meio corporativo quando foram apontadas pela revista *Forbes* e quando foi dito que as pessoas que as detinham eram ótimos líderes. Ninguém ousaria descredenciar qualquer uma dessas habilidades indicadas pela *Forbes*: honestidade, capacidade de delegar, saber comunicar-se, confiança, comprometimento, atitude positiva, ação criativa, intuição, capacidade de inspirar pessoas e sintonizar-se com as pessoas.

No entanto, na nova situação da indústria, essas qualidades nada mais são do que pressupostos básicos, ou seja, elementos fundamentais que devem ser identificados no perfil das pessoas bem-sucedidas. Não se deve, porém, apontar o sucesso somente a partir da presença dessas qualidades ou virtudes. Os requisitos para a liderança do mundo disruptivo, necessário para a boa gestão, passa por essas virtudes, por essas qualidades, mas não se esgota nelas. Por isso, neste capítulo eu gostaria de considerar algo sobre essas características e competências do líder disruptivo na gestão 4.0.

Para o novo momento, a primeira característica do líder na gestão 4.0 é que ele seja criador de futuros. O novo líder precisa ter a capacidade de levar as pessoas a um ambiente de imaginação, de busca por um mundo melhor. O mundo em que vivemos está em colapso. Um líder relevante em uma situação dessas precisa levar as pessoas a imaginarem e a terem o poder imaginativo de transformar palavras em imagens, em possibilidades. Esse líder deve ser o principal articulador da busca por novas soluções, pela resolução de problemas e conflitos em arenas até então inimagináveis. Ou seja, é atribuição do líder orientar todos os seus esforços para o desenvolvimento da capacidade imaginativa na vida das pessoas.

As pessoas não querem ouvir ordens e comandos; querem ser desafiadas na sua capacidade imaginativa. Então, essa é uma característica desejável quando nos aproximamos de uma pessoa e ela é capaz, por meio do seu discurso, de fazer que uma imagem seja criada em sua mente. Quando isso for feito, o ambiente estará criado e o espírito terá sido despertado para o desenvolvimento de projetos destinados à resolução dos grandes problemas que a humanidade vem enfrentando. Nas revoluções anteriores, a indústria trabalhou para criar novas demandas; na nova revolução 4.0, nós trabalharemos para resolver os problemas e conflitos criados no passado e que persistem até os nossos dias, pois sabemos que é isso que as sociedades necessitam.

Veja, como exemplo, o que aconteceu no projeto Apolo 11, que levou o primeiro homem à Lua, em 1969. Na ocasião falou-se do conceito *moonshot*. No projeto *moonshot*, a proposta era endereçar um grande problema e propor uma solução radical usando tecnologias disruptivas. Mas a grande virtude daquele grupo de líderes foi fazer que acreditassem que o homem era capaz de pisar na Lua.

O líder como criador de futuros deve se dedicar à construção de vetores de crescimento, cuidando para que as preocupações do dia a dia não interfiram nas iniciativas orientadas àquele tempo, o futuro. Ele deve se nutrir de coragem, de curiosidade e de inconformismo constantes com o estado atual do seu negócio. A inquietude, nessa situação, é uma das palavras-chave dessa competência. Ou seja, de certa forma, esse líder nunca deverá estar satisfeito com aquilo que já alcançou. Ele irá desejar sempre mais, sempre estar um passo além!

Em um mundo em constante transformação, existem inúmeros problemas que precisam ser resolvidos, e o grande desafio dos líderes deste mundo é propor a solução, não apontar os problemas, pois esse é o papel dos críticos, da imprensa, das organizações não governamentais.

A segunda competência do líder nesta geração é ter um propósito de transformação massiva. Propósito de transformação massiva é uma evolução do conceito original de ter apenas um propósito claro e objetivo. Ele está ancorado na visão de valores aliado ao uso da tecnologia que nos permite pensar em problemas globais, que impactam de forma massiva e transformadora a vida das pessoas. Em outras palavras, os líderes dessa

O NOVO LÍDER PRECISA TER A CAPACIDADE DE LEVAR AS PESSOAS A UM AMBIENTE DE IMAGINAÇÃO, DE UM MUNDO MELHOR.

nova geração devem ser capazes de assumir uma liderança que impacte o maior número possível de pessoas.

Já há alguns exemplos disso em pleno funcionamento. Um deles é o Google. Qual é o propósito do Google? Organizar o conjunto de informações ao redor do mundo. Outra iniciativa é a *Singularity University*. A *Singularity University* é uma empresa americana que oferece programas de educação executiva, incubadora de empresas e serviço de consultoria em inovação e que pretende impactar positivamente 1 bilhão de pessoas.

Outro programa que tem desfrutado de muito prestígio e tem sido amplamente divulgado com alta participação são as TED Talks. TED é uma série de conferências realizadas ao redor do planeta pela fundação Sapling, dos Estados Unidos. As palestras são sem fins lucrativos e destinadas à disseminação de ideias — segundo as palavras da própria organização, ideias que merecem ser disseminadas ou espalhadas.

Diante desse quadro, o propósito de transformação massiva tem que ser único, deve inspirar todos à sua volta e precisa ser abrangente. Esse propósito não é estreito nem orientado a nenhuma direção específica. Deve ser destinado ao coração das pessoas e declarado com sinceridade e total lisura e transparência, para que as pessoas possam experimentar o propósito a que se destina a transformação. Mais do que ser voltado para procedimentos padrão ou limitantes, deve ser destinado não somente ao cérebro ou à consciência das pessoas com vistas ao saber, mas ao coração, às emoções (citamos a inteligência emocional); principalmente, deve atingir o sentimento humano. O líder do futuro deve ser capaz de atingir o coração das pessoas.

Outra característica, a terceira que cito aqui, é que o líder para a gestão 4.0 deve correr riscos. Nós temos vivido em uma sociedade na qual poucas pessoas têm essa característica arrojada. A maioria das pessoas tem aversão a riscos. Fazemos parte do problema, mas não queremos fazer parte da solução. Desse modo, e isso vale tanto no aspecto familiar quanto social, somos rápidos para apontar os problemas sem, contudo, saber direcionar para as soluções.

Um líder deve ser ousado, inovador, buscar novos caminhos, arriscar. Isso pressupõe ter certo grau de ousadia que o leve a esse nível. As raposas de ontem não caçam os coelhos de hoje. Sabe o que isso significa? Que a evolução dos processos, aquilo que funcionou no passado e que nos fez chegar até aqui, não é o suficiente para nos levar adiante, rumo ao futuro. O que regerá o ambiente corporativo não é mais a estabilidade, mas a busca constante e incansável pela inovação, pela sustentabilidade, pelos temas que são globalmente relevantes.

A revolução digital forçou muitas empresas a repensar sua base de negócios, empurrando-as para uma área antes desconhecida. Mas isso não constitui um salto no escuro; pelo contrário! É o desenvolvimento natural das tecnologias disruptivas que são capazes de fazer um negócio prosperar, frutificar e inovar.

Na Transpes, houve uma situação ocorrida quando percebi que o nosso mercado em Minas Gerais estava saturado. Até então, éramos uma empresa regional que atuava basicamente naquele estado. Naquele tempo, não havia a menor condição de crescer no estado. Já tínhamos um bom *market share* na região, pois éramos bem conhecidos. Meu pai estava à frente da empresa e me recordo de ter dito a ele: “Pai, precisamos abrir um escritório em São Paulo, conquistar novos clientes, conquistar um novo mercado". Ele respondeu: "Nós... o que vamos fazer lá? Nós não conhecemos ninguém, nós somos uma empresa daqui, regional de Minas. Tudo lá é diferente". Eu retruquei: "Pai, se queremos crescer, se queremos ser uma empresa nacional de transporte, e isso é o que eu quero, e até mesmo internacional, então, precisamos ir para São Paulo. Lá é o coração econômico do Brasil; lá é onde também estão as grandes empresas".

Passei alguns dias em São Paulo fazendo uma pesquisa. Eram os anos 1990. Não tínhamos as facilidades do mundo digital como temos hoje. As consultas e pesquisas que fazíamos eram do tipo "olho no olho" e na base do telefonema tradicional — nada de aparelhos celulares sofisticadíssimos como hoje. Fiz um levantamento dos custos: um escritório, um corpo mínimo de vendas e um gerente. Fiz um rascunho, elaborei um projeto daquilo que imaginei ser necessário, organizei uma base de dados e um plano de negócios para apresentar ao meu pai e, feito isso, ele disse: "Poxa! Você está ficando doido. Nós vamos gastar isso tudo *para* ter um escritório em São Paulo? Essa equipe de vendas vai custar mais do que... ela é quase toda a nossa folha [de pagamento] aqui do escritório!".

Ou seja, de fato era um passo grande e arriscado, mas também nos tiraria da zona de conforto em que estávamos. Era algo que faria que a Transpes reunisse condições necessárias para crescer naquela época, o que era absolutamente necessário. Se não fizéssemos aquilo, continuaríamos circunscritos ao mercado mineiro e "satisfeitos" com isso. O crescimento exige de nós ousadia; exige riscos a serem corridos. O crescimento, qualquer que seja, exige sacrifícios.

Eu disse ao meu pai: "Olha, pai, vamos ter uma chance. Dê-me uma chance de mostrar que a gente pode ser bem-sucedido. Vamos fazer uma experiência".

Foi assim que veio a autorização dele e nós fizemos o que havia sido planejado. Montamos o nosso escritório em São Paulo, contratamos pessoas para tomar conta do novo lugar e da equipe que entraria e selecionamos um corpo de vendas adequado. No primeiro mês, não aconteceu nada, não tivemos nenhuma venda. No segundo mês tampouco. E foi assim no terceiro, no quarto e no quinto meses. Eu já estava começando a ficar angustiado com aquilo, porque eu apostava em São Paulo como mercado para nos dar condições de uma grande arrancada, mas nada aconteceu até aquele momento. Quando encontrava comigo, o meu pai me olhava preocupado ao verificar todos aqueles custos e sabendo que não poderíamos suportar aquele montante por muito mais tempo.

Mas aí veio o sexto mês, quase no limite das nossas possibilidades. Fechamos um grande contrato em São Paulo com um cliente que até então nunca tinha nos consultado. Era um novo cliente. Por causa disso, demoramos para fazer o cadastro e a qualificação técnica, jurídica, fiscal e tudo o que é necessário para o início do processo. Com isso, ganhamos uma grande concorrência em São Paulo. É como diz a sabedoria popular: para se pescar um peixe grande, a isca é diferente daquela que se usa para pescar um peixe pequeno. O líder que se aventura a águas mais profundas precisa entender isso e precisa se preparar para esse momento. Aquele foi o primeiro contrato de muitos que se sucederam e que fizeram que a maior base de clientes da Transpes estivesse no estado de São Paulo, não mais em Minas Gerais.

Na época em que implantamos o escritório em São Paulo, apliquei conceitos de *learning by doing*, *learning by failing*, que eu nem conhecia, para dizer a verdade. Esse conceito considera o seguinte princípio: aprender fazendo, aprender errando. Na prática, isso significa que se aprende pela execução, pela atividade em si, tanto quanto pelo erro, tão necessário no ambiente de negócios. Em outras palavras, a pessoa pode errar, mas, se errar, não demore para sair da trivialidade, "sair da caixa", daquilo que que é do conhecimento da pessoa e aceitar novos riscos para que os negócios possam ter uma projeção maior.

E a história do mundo corporativo está repleta de casos de empresas, grandes e pequenas corporações que, no afã de inovar, mudaram seus canais de vendas do modelo analógico para o técnico, digital e, com isso, alcançaram a excelência. Assim, eu não posso deixar de considerar que grandes líderes são aqueles capazes de assumir riscos nos seus negócios. As histórias de sucesso vêm da ousadia dessas pessoas.

A quarta característica da liderança para a gestão 4.0 é o líder ser como conector. Nessa característica está a capacidade que o líder precisa apresentar para agir como um construtor de sinapses. No modelo anterior e tradicional, as pessoas consideradas capazes eram aquelas que tinham "mais neurônios" no cérebro.[1] Hoje, os líderes e as demais pessoas capacitadas num empreendimento não são medidos pela "capacidade de neurônios", mas pela capacidade de "realização de sinapses".

[1] Essa é uma expressão corriqueira para apontar pessoas bem capacitadas. Segundo a neurologia, o cérebro humano tem em média 86 bilhões de neurônios.

COMO DIZ A SABEDORIA POPULAR:
PARA SE PESCAR UM PEIXE GRANDE,
A ISCA É DIFERENTE DAQUELA QUE SE USA
PARA PESCAR UM PEIXE PEQUENO.

Essa é uma adaptação da linguagem da neurologia, e quer dizer que uma pessoa consegue criar ou estabelecer relações que interligam a equipe, os processos, o empreendimento como um todo. No cérebro, os neurônios se comunicam com outros através de estímulos elétricos e químicos. Eles transitam por filamentos no cérebro que são interrompidos a cada espaço, mas há uma ligação entre um lado e outro dos filamentos e a isso dá-se o nome de sinapse.

As conexões verdadeiras são geradas através do atrito do estímulo elétrico que promove a sinapse. Ou seja, se formos para o campo da física, podemos dizer que isso acontece quando duas superfícies distintas ou porosas entram em contato, e com o *grip*, com a tração, se dá o impulso. Quando andamos, os nossos pés agem como se "empurrássemos o chão" para trás ao darmos um passo, e esse atrito da sola do calçado com o chão nos impulsiona para a frente. Eu faço uma relação disso com uma sinapse, pois sem essa força propulsora não sairíamos do lugar, não importa qual seja a nossa energia acumulada. Se andássemos sobre um chão escorregadio, empregaríamos muito esforço e não faríamos nenhum avanço. É exatamente isso que acontece em muitas corporações e na experiência de alguns líderes.

No campo da física, tudo começa quando essa fórmula tem a sua maior intensidade, ou seja, quando ela é igual a 1. É nesse ponto que avançamos mais. Essa sinapse (ou relação) encontra uma dificuldade para se estabelecer, porque nós gostamos dos iguais e somos atraídos pelas semelhanças, como seres tribais que se unem por afinidades. A sinapse, levada para o mundo corporativo, acontece com elementos distintos, que avançam em sentido contrário. O nosso desafio, como líderes, é nos

AS CONEXÕES VERDADEIRAS SÃO GERADAS
ATRAVÉS DO ATRITO DO ESTÍMULO ELÉTRICO
QUE PROMOVE A SINAPSE. OU SEJA,
SE LEVARMOS ISSO PARA O CAMPO DA FÍSICA,
PODEMOS DIZER QUE ISSO ACONTECE QUANDO
DUAS SUPERFÍCIES DISTINTAS OU POROSAS
ENTRAM EM CONTATO, E COM O *GRIP*,
COM A TRAÇÃO, SE DÁ O IMPULSO.

tornarmos cada vez menos tribais e passar a conversar com os desiguais. Quem o desafia, quem o instiga, quem o engrandece?

O que normalmente acontece nas corporações é a formação de grupos e guetos com base em elementos que guardam certas semelhanças ou quando são iguais (ou bastante parecidos). Hoje em dia isso precisa ser quebrado. Os profissionais mais requisitados hoje em dia são aqueles que aceitam estabelecer conexões com diferentes tribos. É preciso aceitar conexões com diferentes e criar conexões que nos desafiem ao crescimento, para que nos tornemos pessoas maiores, mais nobres, mais engrandecidas. Usando uma expressão do professor e filósofo Clóvis de Barros Filho, é preciso "desabrochar". Nós precisamos ser "esticados", expandidos.[2] Para isso, precisamos ser contrariados, para, então, nos projetarmos para o futuro, suplantando a barreira ou o desafio inicial.

Mas isso não é fácil nem é de todo prazeroso. O incômodo tem o seu lugar na formação de um grande líder, o incômodo nas relações humanas é aquele agente motivador que nos faz crescer e reconhecer a nossa fragilidade e a nossa vulnerabilidade diante da grandeza dos desafios e das possibilidades que se descortinam em nossa imaginação criativa. Normalmente, os líderes gostam de ser adulados, de ter o seu ego massageado; gostam que a equipe o bajule dizendo que ele é o melhor, o mais forte, o mais capaz, o mais inteligente e o mais bem preparado. No modelo "sinapse", é preciso reconhecer que ela nos leva ao ponto contrário a isso. A dinâmica da sinapse é a da busca, da promoção das aproximações para construção de novos

[2] O livro de Sam Chand, Domine o poder da tensão: para esticar sem quebrar (Hábito, 2021) aborda exatamente esse tema e é referência para a ampla compreensão.

enredos, novas conexões produtivas, não a acomodação que a bajulação e a adulação promovem. Sempre existirá alguém que esteja numa posição contrária à nossa. Os líderes necessitam admitir que precisam ser desafiados, que deve haver discordância e atrito para se construir outro ponto de contato que abrirá a oportunidade para a grandeza, para a excelência.

O atrito é necessário na formação de um grande líder — a bem da verdade, de todo bom profissional. Sem atritos não existe calor. Quando esfregamos as mãos com rapidez, esse movimento de duas superfícies ou planos, no sentido contrário, gera calor, e o calor gera energia. Mas, se colocarmos as duas mãos no mesmo sentido, não teremos calor, e não haverá energia. Dito de outro modo, a importância de o líder desenvolver a sua característica de maneira proposital, corajosa e intencional é produzir energia que irá contagiar a sua equipe, o seu time. Quanto maior for a intencionalidade empregada em capturar o campo de energia, o conjunto de sinapses na relação com a equipe, melhor será o seu desempenho.

Há no mundo de hoje uma síndrome de conexões vazias, sem vida, sem calor, sem intensidade, sem bravura, sem conexões divergentes. A vida e a carreira de sucesso não são construídas pela quantidade de *likes* nem pelos aplausos recebidos. A vida e a carreira de um líder se constroem de maneira distinta. Tal carreira é feita pela capacidade que ele tem de ir além das trivialidades que impregnam a maioria das pessoas. O líder que eu tenho em mente é aquele que sabe superar esses obstáculos e lidar com o desconforto para surpreender positivamente as pessoas.

Todos nós precisamos ser renovados, assim como a faca com a lâmina cega é afiada pelo próprio ferro, o machado sem corte não tem serventia, mas ganha novo vigor e utilidade através do atrito, que é a forma de se afiar o machado, de se afiar a lâmina de uma faca. Assim, um líder também precisa ser afiado ou desafiado, e esse desafio passa pela contrariedade, pelo desconforto, pela oposição. Uma das maneiras de experimentar a sensação dos atritos é em uma empresa familiar, como a nossa. Nesses casos, uma relação transgeracional ocorre, pai com filhos de gerações distintas, na qual pais e filhos têm visões completamente diferentes. Nessas situações é muito comum e cômodo o filho, aquele que está na segunda geração, dizer que não concorda com os posicionamentos dos pais, pois ambos pensam diferente. A segunda geração diz que os pais são retrógrados, ultrapassados, que não entendem os novos modelos de negócio, entre outras coisas. A nova geração não se permite ser afiada pela geração anterior como o ferro precisa ser afiado por outro ferro.

A minha história não foi diferente. Houve muitas ocasiões em que os atritos foram precisamente aquilo que me impulsionou a quebras importantes de paradigma. E não foram poucos os atritos que enfrentei! Normalmente, meu pai e eu não tínhamos um único dia em que não discutíamos a respeito de um assunto da empresa. A minha posição era uma e a posição dele era outra; percebi que eu precisava de mais profundidade, de mais experiência, de melhores argumentos. Eu precisava de um laboratório experimental para mostrar a ele que as minhas ideias poderiam surtir os efeitos a que se propunham dentro da nossa estrutura familiar.

Pouco a pouco fomos construindo algo novo. As brigas, os desacertos, tudo dentro de uma conduta respeitosa e ética, mas com o desconforto positivo, reconduziram a situação para o empreendimento e, assim como um machado precisa ser mais

O ATRITO É NECESSÁRIO NA FORMAÇÃO DE UM GRANDE LÍDER — A BEM DA VERDADE, DE TODO BOM PROFISSIONAL. SEM ATRITOS NÃO EXISTE CALOR.

bem afiado, pouco a pouco nós também afiamos a nova mentalidade da Transpes.

INSPIRE-SE

Já comentei sobre Napoleon Hill, que foi desafiado por Andrew Carnegie, o gigante do aço, a dedicar 20 anos de sua vida, sem remuneração, a estudar, pesquisar e escrever uma filosofia do sucesso, e aceitou. Hill entrevistou mais de 500 dos mais célebres nomes da indústria, inventores e empreendedores e se tornou internacionalmente conhecido por isso. Carnegie disse a Napoleon Hill que entrevistasse Henry Ford, o primeiro homem da lista que o próprio Carnegie passou a Hill. Ele disse: "Quero que você vá até Detroit e conheça Henry Ford. Observe-o com atenção, porque, mais cedo ou mais tarde, ele vai dominar a indústria automotiva e ficará atrás apenas da indústria do aço".

Pouco tempo após o seu casamento, Hill foi de Washington, onde morava, a Detroit entrevistar Henry Ford. Entre outras qualidades, Hill apontou em Ford o "autocontrole e a capacidade de concentrar todos os esforços para chegar ao seu objetivo, que era de produzir um carro popular, acessível para as massas". Henry Ford tinha pouco estudo, nenhum centavo no bolso e nenhum amigo influente, mas entrou para a história da indústria automotiva como o pioneiro na implantação da linha de montagem, o que revolucionou a indústria no século XX. Algum tempo depois da entrevista, Hill disse que Ford não queria falar sobre sucesso, mas conversar sobre o seu carro, sobre a sua invenção.

Era 1908 quando isso aconteceu. Hill passou dois dias tentando encontrar Ford e, quando o encontrou, o viu saindo dos fundos de uma oficina onde fazia experimentos, vestindo um macacão, um chapéu-coco todo amassado, com as mãos cheias de graxa. Hill diz que o próprio Ford sujou as mangas da sua camisa quando se cumprimentaram. Eles falaram por meia hora, e nesse tempo o sr. Hill ouviu uma alternância de "sim" e "não", mais "não" do que "sim". Ele ficou intrigado sobre como um homem como Andrew Carnegie poderia ter cometido um erro daqueles, imaginando que Henry Ford seria um líder de qualquer coisa algum dia.

Certa ocasião, Napoleon Hill perguntou a Henry Ford se ele já tinha desejado algo na vida que não conseguiu, e ele respondeu com sorrisinho seco: "Apenas uma vez". E ele prosseguiu: "Queria casar com uma ruiva com quem estudava no ensino médio, mas ela se casou com outro homem, mas depois fiquei feliz por ela". Hill insistiu na pergunta: "Só isso?". "Sim", ele disse, "Foi só isso". Então, Napoleon complementou a pergunta: "Hoje ocupa uma posição, sr. Ford, que permite alcançar tudo que quer?". Ele confirmou: "Qualquer coisa que eu desejar ou equivalente". E disse: "Posso não conseguir comprar o prédio na Quarenta e Dois com a Broadway em Nova York, mas comprei o prédio da frente, da outra esquina, ou da rua seguinte, o que também seria bom".

Napoleon Hill se surpreendeu quando conheceu Henry Ford.[3] Ele observou que Ford tinha uma personalidade fraca,

[3] Esta história está contada no livro *Hábitos para triunfar: princípios comprovados para maior riqueza, saúde e felicidade*, de Napoleon Hill.

pouca escolaridade formal e algumas opiniões peculiares, o que o fez se questionar como um homem como aquele tinha alcançado tanto sucesso! Como estava trabalhando na criação de uma filosofia do sucesso, Hill refletiu "até conhecer realmente o sr. Ford e descobrir que ele havia encontrado uma maneira de reconhecer o poder de sua mente, e que construiu para si um plano para fazer uso dessa descoberta, direcionando-a para o que ele desejava alcançar".

Hill fez outra pergunta: "Você sempre conseguiu as coisas que queria sem lutar?" Ele falou: "Não, acho que ninguém nunca chega a esse ponto". Mas continuou: "Lutar para mim é apenas uma maneira de se tornar mais forte. Creio que toda vez que me recuso a desistir de lutar fico mais forte para a próxima vez que lidar com a mesma circunstância".

Para Napoleon Hill, "não foi o sistema de educação ou a crença que o tornou um grande industrial; foi a capacidade de saber o que queria e a 'teimosia' de insistir até conseguir." Ele diz que usou a palavra "teimosia", "porque muitos de seus associados disseram que [Ford] era só teimosia pura. O que quer que fosse, permitiu que ele se apoderasse da própria mente e a mantivesse fixada no que ele queria, apesar de todos os obstáculos que teve que superar. Sua fé o conduziu".

Henry Ford não tinha medo de críticas, e recebeu muitas quando lançou o seu primeiro veículo. De fato, eles ameaçaram prendê-lo, se o levasse para as ruas de Detroit. Ele precisou obter uma permissão especial para operar o automóvel. Não pararia só porque as pessoas o criticavam. Essa é a lição que ele deixa para aqueles que querem inovar e mudar a maneira de fazer as coisas.

PRATIQUE

Todo processo de quebra ou mudança de paradigma, como é o caso nas revoluções (industrial, cultural, tecnológica e outras), requer também a mudança de vocabulário, de conceitos, bem como da linguagem. Nesses casos, é comum observar que *parte* de um grupo, empresa, sociedade ou a própria equipe, que são formados por elementos de diferentes culturas, idades e experiências, não se adeque imediatamente aos novos modelos e à mentalidade da nova era. Começam, então, os atritos, podendo resultar em um fim indesejado.

Considere que você é um consultor bem-sucedido, e a sua consultoria foi contratada para adequar a linguagem e passar para uma equipe de vendas os novos conceitos que estão sendo chamados de a nova tendência no setor em que essa equipe atua. O grupo está junto há pelos menos cinco anos e tem um histórico positivo quando se refere a atingir metas. No entanto, é um grupo misto, com profissionais mais experientes, a velha geração, e profissionais jovens, com boa formação universitária e que quer mudanças mais rápidas, cujo objetivo é dar um salto no posicionamento da empresa no mercado.

Como você, o consultor contratado e em quem a empresa está depositando grandes expectativas, agiria para ajustar as coisas? Que medidas tomaria na abordagem inicial? O que mudaria no alinhamento da equipe? Faria sugestões para os gestores, do tipo "troque parte da equipe"?

Lembre-se de que no capítulo 3 falamos sobre a arte da boa comunicação. Utilize conceitos que já foram vistos naquele capítulo e não se esqueça de que sugerir demissões nem sempre é a melhor atitude a se tomar. Agora é com você!

Capítulo 10

PEDRAS NO MEIO DO CAMINHO

No meio do caminho tinha uma pedra
tinha uma pedra no meio do caminho
tinha uma pedra
no meio do caminho tinha uma pedra.
Nunca me esquecerei desse acontecimento
na vida de minhas retinas tão fatigadas.
Nunca me esquecerei que no meio do caminho
tinha uma pedra
tinha uma pedra no meio do caminho
no meio do caminho tinha uma pedra.[1]

Carlos Drummond de Andrade

Neste capítulo trataremos das dificuldades que encontramos no caminho. E elas existem! Aqui usarei a metáfora da pedra, aproveitando para prestar uma homenagem ao nosso grande poeta Carlos Drummond de Andrade e seu famoso poema.

Qualquer pedra pode ser uma pedra a nos incomodar. Ela pode estar no sapato ou justamente no caminho em que queremos passar. As dificuldades são tudo aquilo que pode nos paralisar, tudo o que pode nos impedir de prosseguir.

[1] Uma Pedra no Meio do Caminho – Biografia de um poema. 1967.

A partir da minha experiência topando com pedras ao longo dos anos, quero compartilhar com você algumas atitudes que poderão ajudá-lo a superá-las. De fato, durante a vida a gente sempre encontrará pedras, e elas estarão presentes em diversas ocasiões. As dificuldades que nos desalentam, que tentam nos impedir de prosseguir e que nos desanimam podem ser transpostas. É fundamental lutar contra essas dificuldades e contra a ameaça de paralisia. No entanto, é preciso fazer isso da maneira correta. E há uma maneira correta de lidar com essas barreiras, pequenas ou grandes.

Uma das grandes pedras que enfrentei na minha trajetória como gestor foi o que tratei no capítulo anterior, a relação intergeracional. Vimos como o meu pai pensava de um modo completamente diferente de mim, e isso foi uma barreira difícil de enfrentar. Não foram poucas as vezes em que eu desanimei diante disso; houve ocasiões em que cheguei a pensar em parar de trabalhar. Mesmo assim, de forma natural e com algumas atitudes tomadas, permaneci firme. Dia após dia, sem que eu me entregasse aos obstáculos, saí fortalecido daqueles entraves.

Com a experiência adquirida, eu queria deixar registradas algumas atitudes importantes de serem tomadas sempre que você deparar com um obstáculo, com uma pedra, enquanto segue a sua trajetória. Essas atitudes poderão parecer simples, e de fato são! São até mesmo óbvias, razão pela qual não estenderei tanto em argumentos. Mas, se elas forem levadas a cabo, se forem postas em prática e experimentadas com confiança, mostrarão o seu poder de nos fazer mais fortes.

A primeira atitude é ter disposição para continuar. Uma pedra no caminho não pode ser vista como um ponto final num texto, mas como uma vírgula ou, no máximo, como um ponto e vírgula. A pessoa que tem consciência do caminho a percorrer tem também a consciência daquilo que está construindo e sabe os objetivos que deve e precisa perseguir. Portanto, não desanimar é a melhor atitude a assumir. Mantenha em alta a disposição, preserve o coração cheio de energia e de fé, e essa atitude de disposição para enfrentar o problema sem escondê-lo ou maquiá-lo ajudará significativamente no fortalecimento e na superação dessa questão.

A segunda atitude é a simples confiança. A confiança deve ser mantida na sua trajetória, confiança naquilo que você está construindo, confiança nos seus argumentos, no seu modelo, confiança na concepção que você tem dos objetivos que pretende atingir, confiança naquilo que você percebe que pode ser implementado com sucesso e para gerar os resultados que você almeja. Se você não tem confiança em si mesmo, quem terá? Uma vez que começou, mantenha em alta o nível de confiança que o fez dar o primeiro passo. Quem será a pessoa, a não ser você mesmo, a confiar naquilo que quer e que se dispôs a construir? Assim, confie no caminho que você quer trilhar, aprenda a confiar na sua jornada, seja ela qual for e para onde quer que o leve.

A terceira atitude é o famoso foco ou a manutenção do foco. Não são poucas as vezes que temos diferentes preocupações, e elas crescem diante de nós a ponto de parecerem maiores do que realmente são. Nesse sentido, precisamos enfrentar e superar uma pedra de cada vez. Quando o assunto é foco, é preciso reconsiderar e abrir mão de algumas lutas que consumirão nossa energia sem nos fazer avançar e focar naquilo que realmente é necessário, naquilo que realmente é vital para o nosso negócio. É importante saber lutar as lutas corretas e deixar outras de lado, para outro momento ou mesmo sob a responsabilidade de outras pessoas. Nem sempre o líder deve envolver-se com tudo, especialmente quando conta com uma boa equipe para a qual pode delegar certas atividades e parte do processo.

Depois de tudo, outra atitude importante é lutar com o que se tem nas mãos. Isso quer dizer que devemos conhecer as nossas armas, definirmos a nossa estratégia para superar as pedras no caminho. Precisamos identificar o que temos a nosso favor, saber quem nós somos, qual é o nosso conteúdo diferencial, qual é o nosso conceito a ser referenciado, quais são as nossas armas disponíveis, quais são as estratégias a serem empregadas. Invariavelmente, as armas estão dentro de nós, as chaves estão dentro de nós; só precisamos acessar esse arsenal para podermos superar os nossos obstáculos. Capacidade emocional, inteligência, conhecimento, nível acadêmico, relacionamentos, ou seja, as lutas devem ser travadas com aquilo de que dispomos, não com o que não temos.

Essas são algumas atitudes que, se nós as desenvolvermos e formos capazes de experimentar, nos farão bem e nos levarão mais facilmente a superar as pedras, a passar por cima delas e de todos os demais obstáculos e dificuldades em nossa vida e carreira.

INSPIRE-SE

Napoleon Hill, sobre quem já comentei em outros capítulos, escreveu, entre muitas outras coisas, sobre as 15 principais causas do fracasso.[2] Ele diz existir uma lei da natureza que

[2] A história é contada em seu livro *Hábitos para triunfar*.

A PRIMEIRA ATITUDE É TER DISPOSIÇÃO PARA CONTINUAR. UMA PEDRA NO CAMINHO NÃO PODE SER VISTA COMO UM PONTO FINAL NUM TEXTO, MAS COMO UMA VÍRGULA OU, NO MÁXIMO, COMO UM PONTO E VÍRGULA.

prevê que toda adversidade, toda derrota, todo revés na vida, todo fracasso, toda mágoa, toda circunstância desagradável — em nossas palavras, toda pedra no caminho — carrega em si mesma uma semente que pode germinar em *um benefício equivalente*. Para que alguém possa se beneficiar dessa semente, a primeira coisa a ser feita é reconhecer que ela existe e no que ela pode se tornar.

Para ilustrar essa verdade, ele usa uma metáfora do rio que flui, que, segundo ele, é a mente humana e o seu poder. O ser humano pode controlar esse rio, que é a mente. Aliás, o dr. Hill considera que a única coisa que controlamos é a nossa atitude mental. Nem o nosso cônjuge, nem a nossa conta bancária podem ser controlados como podemos controlar a nossa atitude mental. Assim, diante de uma pedra no caminho, é preciso saber que ela, a dificuldade à vista, a barreira, o impedimento, constitui uma semente que pode germinar em *um benefício equivalente* à dificuldade que impõe. Segundo, uma vez que estamos no caminho, devemos nos disciplinar para uma atitude mental consciente de que haverá pedras no caminho e que elas não poderão nos deter; antes, alguma medida deverá ser tomada, e devemos saber disso quando entramos nos negócios.

Napoleon Hill diz que esse rio corre em dois lados, o lado do sucesso e o lado do fracasso. Uma parte da humanidade entrou no rio que vai para o lado do sucesso; não importa o que façam, terão sucesso. A outra parte, no lado que corre para o fracasso; não importa o que façam, fracassarão. O que define o lado do rio é a disposição mental e qualquer pessoa pode mudar para o lado positivo, o lado do sucesso, em uma fração de segundo "por meio de seu pensamento, de seus processos mentais, de sua atitude". Pedras no caminho? Elas sempre estarão lá. Mas, segundo Napoleon Hill, que desenvolveu uma filosofia e elaborou uma lei do sucesso, "a pessoa que aprendeu a se mover adequadamente por esse rio e a permanecer no lado positivo, que aprendeu a manter a mente positiva e não negativa, não se importa com as adversidades". Essa pessoa "não se importa com derrotas. Não se importa com falhas". Por sua atitude mental, ela contornará ou passará por cima e seguirá em frente com o seu objetivo.

O autor ilustra esse fato com um acontecimento que teve lugar em seus dias:

> Uma pessoa do lado positivo é Marshall Field, cuja loja bem-sucedida em Chicago foi destruída por um incêndio, e ele disse: "Exatamente no mesmo lugar onde essas brasas fumegantes estão, construirei a maior loja na face da terra". E lá está ela hoje, senhoras e senhores, no Loop District de Chicago. Sua atitude mental foi positiva, em comparação à de outros comerciantes cujas lojas foram queimadas naquele grande incêndio de Chicago, que disseram: "Vou embora, vamos mudar para o oeste. Chicago acabou". Um homem resistiu, se agarrou ao lado positivo de sua atitude mental, aplicou-o àquela circunstância adversa e fez valer a pena como nenhuma outra loja varejista jamais valeu a pena no mundo.

PRATIQUE

Ultrapassar barreiras no caminho é uma certeza que todo gestor ou empreendedor, assim como todo e qualquer profissional, deve esperar para alguns momentos de sua carreira.

Há pouco, falei sobre o foco como uma atitude esperada para a nossa jornada de sucesso e não é novidade alguma. Penso que todos aqueles que ministram palestras e escrevem livros sobre empreendedorismo, gestão, carreira e temas afins tocam nesse tema; ele é obrigatório.

No entanto, gostaria de propor uma reflexão a você. Há uma diferença entre ter foco num objetivo almejado e ser obstinado. A obstinação é um impulso positivo quando pode ser controlada por determinadas travas emocionais e racionais, que encontramos na teoria da inteligência emocional, de Daniel Goleman. No entanto, obstinação tende a ser um aspecto perigoso da personalidade das pessoas, o que difere muito da pessoa que é focada e que tem um objetivo e o persegue.

Considero que você, leitor, em algum momento de sua carreira, tenha feito o exercício, escrito ou registrado mentalmente, sobre os seus objetivos de vida, refletido sobre a sua missão social, ambiental, profissional, social e possivelmente outras. Também já deve ter percebido qual é a sua visão empresarial e visão de mundo, bem como os valores que defende como inegociáveis e segundo os quais você pauta as resoluções e decisões que toma.

A proposta do *Pratique* deste capítulo é que você faça a autoavaliação de algum momento em que deparou com uma pedra no caminho e por algum motivo as atitudes tomadas não foram as mais bem-sucedidas na ocasião, fazendo que você cometesse erros que atrasaram a sua evolução na carreira. Avalie se você manteve o foco com inteligência, aplicando os princípios que defendemos ou se a sua obstinação por alcançar os objetivos desejados foi mais forte do que o controle que exerce sobre si mesmo. Tendo considerado esse quadro, transporte essa experiência para o atual momento de sua carreira e constate se há alguma situação, presente ou prevista, em que há uma pedra à vista. Caso identifique alguma, procure aplicar os princípios expostos no capítulo, mantendo o equilíbrio entre aquilo que você quer e os impulsos naturais que movem você para atingir o seu alvo.

Capítulo 11

ATENÇÃO AOS VALORES

Toda empresa, todo empreendimento que se pretende longevo, todo profissional consciente de sua carreira, precisa definir quais são os seus valores. Os valores da Transpes, que desde o início temos estabelecido, são quatro:

— Confiamos em Deus.

— Respeitamos uns aos outros.

— Agimos com simplicidade.

— Honramos os nossos compromissos.

Lembro de uma conversa que tive com uma pessoa há muito tempo. Ele era um empresário influente e muito conhecido no país, e a certa altura da conversa ele me disse que não entendia a razão de um dos valores da Transpes ser "Confiar em Deus". Ele disse:

— Olha Sandro, tudo bem que você tem o seu Deus e tem a sua fé. Mas eu não vejo nenhuma convergência entre fé e *business*, entre a fé e os negócios. Os negócios são ações, são programas, são projetos, são atitudes e estratégia. E fé é uma coisa reservada ao ambiente de igreja, da família e tudo mais.

Durante essa conversa, procurei demonstrar a ele o conjunto de valores da Transpes, incluindo a nossa confiança em Deus. Nós nos fixamos nesse primeiro valor da confiança em Deus. Eu dizia nessa conversa que confiar em Deus é a capacidade e a vocação que temos de procurar nos assemelhar a ele mais e mais, e a cada dia nos permitir ser mais humanos e menos animais, menos "bestas".

Um desdobramento notável da nossa confiança em Deus pode ser percebido no modo segundo o qual tratamos as pessoas com mais respeito, com mais gentileza, com mais ética. É o bom "olho no olho" em vez da relação fria, formal e distante; é a maneira de valorizarmos a relação humana, honrada e respeitosa. As pessoas devem e precisam ser honradas, mas não acreditamos que isso deva se dar pelo cargo ou pelo salário que elas ganham ou ocupam, mas pelas pessoas que são, pelo ser humano que está ali, diante de nós e trabalhando conosco diariamente.

Houve um momento na Transpes, em 2016, quando tivemos centenas de demissões. Na época, o Brasil atravessava uma crise enorme, a economia entrava em colapso, e os reflexos disso em nossa empresa não fugiram à regra. Então, nós precisamos tomar a difícil decisão de desligar muitos dos nossos funcionários e fechar alguns dos nossos escritórios. Mas isso não foi feito de qualquer jeito, mecânica e insensivelmente. Nós iniciamos e desenvolvemos esse processo debaixo da premissa de que tudo seria feito com muita dignidade, muita honra e muito respeito. E assim foi feito.

Na ocasião, um dos programas que reduzimos drasticamente (outros foram encerrados) na Transpes foi o Jovem Aprendiz. Eu me reuni com eles na sala de reuniões. Naquele dia estava ali boa parte dos jovens do programa quando dei aquela notícia dura para eles. Procurei levá-los à compreensão de uma situação que respeitasse e valorizasse a vida deles.

Eu disse que o programa seria reduzido acentuadamente, mas que a vida deles continuava e que eu acreditava na capacidade que tinham. Acrescentei que já tinham começado a construir uma história notável de profissionalismo, de aprendizagem, de comprometimento e que todas as portas que se abrissem dali em diante deveriam ser aproveitadas para que eles seguissem nessa construção, preservando os valores e dentro dos princípios que viram ser adotados na Transpes.

Acrescentei que *nós* estávamos reduzindo ou interrompendo o programa de Jovem Aprendiz, mas que a vida deles continuava e que tínhamos a certeza absoluta de que, se eles continuassem na prática desses valores e desses princípios, mais cedo ou mais tarde eles iriam progredir e crescer até que chegasse o momento de alcançar os alvos com os quais cada um deles estava sonhando. Falei a eles da alegria de tê-los no quadro da Transpes, da esperança de que muitos deles poderiam ocupar posições de proeminência no cenário nacional em alguns anos ou décadas, e que a carreira deles, de alguma forma, tinha se iniciado na Transpes, o que para nós era um grande orgulho.

No final daquela conversa, que durou pouco mais de 20 minutos, ao dar a notícia da redução de alguns programas e da demissão que estava em curso, a maioria deles veio até mim para agradecer pelas palavras e pela presença e por eu ter pessoalmente dado essa notícia a eles. Ou seja, mesmo num cenário negativo, as notícias ruins e difíceis podem ser dadas de forma digna, respeitosa e honrosa; isso traz para o ambiente uma nova conotação e a esperança necessária para prosseguir.

As relações humanas devem ser mais calorosas e menos frias e a nossa confiança em Deus nos ensina isso diariamente.

Então, eu levei o meu amigo a entender que "Confiar em Deus é a capacidade humana de nos assemelharmos a ele" nas relações pessoais. Confiar em Deus também é a capacidade de olhar para a vida e para seus desafios, para os seus problemas e crises como oportunidades de crescimento, de desenvolvimento, porque nós precisamos ser "agentes da esperança", não "cavaleiros do apocalipse".

Na mesma época, quando passamos por aquele processo demissional, percebemos que o clima organizacional na empresa estava se alterando assustadoramente. As pessoas estavam desanimadas, naturalmente preocupadas e entristecidas. A Transpes, que sempre foi conhecida como uma empresa com alto índice organizacional, atravessava um de seus momentos de crise mais agudos e desafiadores e era difícil motivar as pessoas a dar o melhor e o máximo naquele momento.

Foi então que lançamos o "Programa dos Sonhos". Em 2016, a Transpes completaria 50 anos de atividades. Assim, lançamos com o programa o *slogan* : "Você nos ajudou a construir nosso sonho, 50 anos de história, e agora nós queremos construir o seu sonho". Em nossa comunicação interna, abríamos as mídias e *e-mails* emitidos por nosso RH, perguntando: "Qual é o seu sonho?". Com isso, fizemos com que as pessoas voltassem a sonhar, a ter esperança em relação ao futuro e não pensassem que estavam sozinhas naquela crise. Creio que os líderes devem trazer essa característica peculiar, essa capacidade singular de fazer com que as pessoas tenham sonhos, não pesadelos. Faltam líderes que nos levem a sonhar, a imaginar mundos e a construir futuros desejáveis!

CONFIAR EM DEUS É A CAPACIDADE HUMANA DE NOS ASSEMELHARMOS A ELE NAS RELAÇÕES PESSOAIS. CONFIAR EM DEUS TAMBÉM É A CAPACIDADE DE OLHAR PARA A VIDA E PARA SEUS DESAFIOS, PARA SEUS PROBLEMAS E CRISES COMO OPORTUNIDADES DE CRESCIMENTO, DE DESENVOLVIMENTO, PORQUE NÓS PRECISAMOS SER "AGENTES DA ESPERANÇA", NÃO "CAVALEIROS DO APOCALIPSE".

Assim, com o "Programa dos Sonhos", recebemos mais de 1.500 respostas dizendo quais eram os sonhos. As respostas mencionavam todos os tipos de sonhos que você pode imaginar! Com as respostas enviadas formamos um comitê que ficou responsável pela análise do *feedback* que nos foi dado. Naquela época, voltava a ser transmitido no Brasil o programa chamado *Under Cover Boss* ou "O Chefe Secreto". Eles conheceram o nosso "Programa dos Sonhos" e, durante alguns meses, gravamos episódios que foram ao ar na emissora, tendo a participação da minha irmã, que pode falar sobre os sonhos das pessoas.

Um dos sonhos que me deixou muito sensibilizado foi de um funcionário que estava há mais de 20 anos na Transpes, cujo pai também tinha sido nosso funcionário, servindo como motorista. Esse funcionário tinha iniciado a sua carreira na Transpes ainda jovem, entre 17 e 18 anos de idade. Ele disse que não tinha tido a oportunidade de desfrutar uma lua de mel com a sua esposa, com quem já estava casado havia mais de 20 anos. Ele era uma pessoa altamente comprometida, "uma prata da casa". No total, escolhemos, entre aqueles milhares de sonhos, sete para que pudéssemos transformar em realidade. Um dos escolhidos foi o desse homem que queria ter a sua lua de mel. Depois de ele ser contemplado, chamamos o casal e dissemos:

— Olhem, vocês vão ganhar uma semana de licença, uma viagem. Torne em realidade o sonho de vocês de ter uma lua de mel.

Como meu pai é espanhol, a nossa origem veio do nosso fundador. Assim, dissemos para o casal:

— Vocês vão passar uma semana em Barcelona, na Espanha.

Fizemos todos os preparativos para a viagem, arrumamos passaporte, compramos as passagens, reservamos hotel , e eles se encantaram com a viagem. Foi uma experiência sensacional! Quando aquele casal voltou ao Brasil, o nosso colaborador, em seu primeiro dia de trabalho, refletia uma alegria contagiante. O seu entusiasmo era notável e influenciou os seus companheiros. A esperança estava latente nas dependências da Transpes, nos corredores da empresa. Eu podia ler nos olhos das pessoas a a seguinte mensagem:

— Uau, se ele pôde materializar o seu sonho, eu também posso conquistar o meu!

Dito de outro modo, daquele momento em diante, rapidamente o clima organizacional da Transpes melhorou e voltou ao seu patamar natural. Então, eu não posso deixar de afirmar que acreditar em Deus e confiar nele também é ter essa capacidade de olhar para a vida com olhar de esperança, não com olhar de desespero. Essa confiança nos dá fundamento para pensarmos assim.

A crença em Deus traz consigo a capacidade de compreensão e de olhar para o outro como ele é, "o outro", como alguém diferente, distinto, com valores, com princípios, e com história. A crença em Deus nos faz capazes de incentivar, de cooperar, de respeitar e de elevar o outro a um nível mais alto, em vez de recriminar por ser diferente de nós, de rebaixá-lo, de menosprezá-lo ou de excluí-lo.

A nossa sociedade vive um momento de acentuada polarização e radicalização. Vivemos entre fatores e concepções de mundo excludentes, que nos levam a habitar em guetos, a nos reunirmos em tribos, não em uma sociedade plural — embora essa expressão seja utilizada a todo tempo. O nosso tempo exige de cada um nós a capacidade de promover a harmonia nas relações humanas, respeitando as nossas diferenças, porque elas existem e são muitas. Nós não precisamos ser, e de fato não somos, iguais uns aos outros; não existe uma sociedade homogênea. Somos diferentes em todos os sentidos, e a riqueza de um povo reside nisso, mas somente se soubermos tirar proveito disso, em vez de fazermos dessa pluralidade causa de rixas e atritos constantes. Nós temos que aprender e desenvolver o olhar respeitoso e valoroso em relação aos outros, independentemente de quem seja.

Um dos maiores presentes que podemos dar a alguém é uma nova visão sobre si mesmo, e essa nova visão passa pela capacidade de a pessoa construir em si mesma novos conceitos e novas visões de mundo e de futuro, a capacidade de fazer algo grandioso para si e pelo próximo.

Para concluir este capítulo, quero contar a história sensacional de um funcionário nosso. Ele fazia parte do nosso grupo de funcionários PCDs (pessoas com deficiência). Certo dia, passando pelos corredores da Transpes, parei e conversei um pouco com ele, e o ouvi dizer o seguinte:

— Bom dia, *seu* Sandro, tudo bem? Prazer em te conhecer. Eu sou funcionário aqui da Transpes.

Eu me dirigi a ele pelo nome que estava em seu crachá e ele acrescentou:

— Eu queria que o senhor soubesse que um dia eu vou me sentar na sua cadeira.

UM DOS MAIORES PRESENTES QUE PODEMOS DAR A ALGUÉM É UMA NOVA VISÃO SOBRE SI MESMO, E ESSA NOVA VISÃO PASSA PELA CAPACIDADE DE A PESSOA CONSTRUIR EM SI MESMA NOVOS CONCEITOS E NOVAS VISÕES DE MUNDO E DE FUTURO, A CAPACIDADE DE FAZER ALGO GRANDIOSO PARA SI E PELO PRÓXIMO.

Eu pensei que aquilo fosse uma brincadeira e disse a ele:

— Não seja por isso. Vamos lá agora mesmo e você pode se sentar na minha cadeira e ainda tiramos uma foto.

Então, ele me disse:

— Não, *seu* Sandro, o senhor não está me entendendo. Eu já pesquisei no RH e já fiz toda a trilha de carreira, todo o organograma da empresa e, se eu fizer tudo o que é necessário para o meu crescimento no meu plano de desenvolvimento individual, dentro de vinte anos eu vou estar pronto para ser o presidente da Transpes e me sentar na sua cadeira.

Naquele momento eu percebi que estávamos falando de perspectivas diferentes. Na sequência, aquele colaborador me perguntou se poderia enviar para mim alguns e-mails durante o curso do seu planejamento, na jornada profissional que ele tinha elaborado. Eu disse:

— Perfeitamente.

Não demorou muito, e ele começou a enviar e-mails perguntando o que eu gostava de fazer, como era a minha rotina etc. Percebi que, quando íamos para o refeitório, ele gostava de se sentar ao meu lado. Ele sempre perguntava se podia se sentar próximo a mim, e eu respondia afirmativamente, "claro".

Ele observava o que eu comia e passava a comer também. Aquilo que eu fazia durante o almoço ele passava a fazer também. De vez em quando ele me pedia sugestões de livros e filmes; perguntava o que eu fazia nas horas vagas e se mostrava um jovem fantástico, um ser humano sensacional. Eu passei a perceber como ele estava se inspirando em mim para seu crescimento pessoal e desenvolvimento profissional. Não demorou para que eu associasse a nossa crença em Deus à capacidade que precisamos desenvolver de olhar para o próximo e valorizá-lo, incentivar, cooperar e elevar o próximo na relação dele consigo e na relação dele com as pessoas. Como disse, eu penso que um dos maiores presentes que podemos dar a alguém é uma nova visão sobre si mesmo.

Eu continuei a ter essa conversa sobre a confiança em Deus com o meu amigo e disse a ele que a confiança em Deus também é a capacidade que temos de perceber o trabalho não somente como labor, labuta, mas como uma grande obra a ser realizada e um legado a ser construído e deixado para as pessoas do nosso tempo e para o futuro. O trabalho deve ser intenso, mas também precisa ser prazeroso para cada pessoa. Se a nossa experiência de vida se resumir a uma semana que começa na segunda-feira e nós já estivermos esperando ansiosamente pela sexta-feira, se no início dos nossos dias já estivermos esperando pelo seu final, se no início do mês já estivermos esperando pelos feriados; enfim, se no início do ano já esperarmos pelas férias, nós não trabalharemos nem produziremos algo grandioso, mas mataremos o trabalho, perderemos o tempo e acabaremos com a própria vida.

Não vale a pena o trabalho que se faz somente para pagar contas no final do mês. Precisamos nos empenhar pelo trabalho que nos permita construir jardins; o trabalho que traga beleza à nossa vida e à vida das pessoas. O trabalho não deve ser executado para matar o tempo e, sim, para construir um legado; no Brasil ainda mais, já que ninguém por aqui trabalha por passatempo. É preciso amar aquilo que se faz e fazer aquilo que se ama.

Somente assim tornaremos sólidos os valores da Transpes entre os nossos funcionários, e isso é feito por meio de vários programas nacionalmente premiados, programas de empoderamento, de aproximação, de transparência, de respeito, de confiança, de inovação, os quais promoveram resultados extraordinários na vida das pessoas e nas rotinas alteradas para a melhoria daquilo que fazemos e das pessoas envolvidas.

INSPIRE-SE

Jimmy Carter foi o 30º presidente dos Estados Unidos. Ele comandou a mais rica e poderosa nação do planeta entre 1977 a 1981, um período em que havia grandes e graves conflitos dentro e fora do país. Carter escreveu em sua autobiografia, *Memórias espirituais*, como sua vida pessoal foi marcada por altos e baixos, com os períodos "baixos" sendo bastante acentuados. Mas em cada fase da vida ele nunca abandonou a confiança em Deus e permaneceu cristão por toda a sua vida.

Jimmy Carter notou por décadas como questões de religião, política e determinados assuntos tendiam a se combinar de forma explosiva, criando divisões entre as pessoas. Mesmo assim, ele avançou numa careira política que teve um final exitoso, porque jamais deixou de lado os valores que sempre nortearam a sua vida. Diversas vezes Carter foi questionado sobre a existência de conflitos graves entre suas crenças religiosas, os valores da fé cristã, e seus deveres como político eleito. Para ele, foram poucas as vezes em que se sentiu pressionado ou dividido entre a sua fé e a obrigação de cumprir

NÃO VALE A PENA O TRABALHO QUE SE FAZ SOMENTE PARA PAGAR CONTAS NO FINAL DO MÊS. PRECISAMOS NOS EMPENHAR PELO TRABALHO QUE NOS PERMITA CONSTRUIR JARDINS; O TRABALHO QUE TRAGA BELEZA À NOSSA VIDA E À VIDA DAS PESSOAS.

o juramento de "preservar, proteger e defender a constituição dos Estados Unidos"[1]. Ele acrescentou:

> Provavelmente não haja uma grande incompatibilidade entre os ideais patrióticos americanos e os valores judaico-cristãos. Justiça, oportunidades iguais, direitos humanos, liberdade, democracia e verdade são o tipo de coisas que foram ditas por Thomas Jefferson e outros nos primórdios do nosso país, e ainda hoje queremos preservá-los.

Durante a campanha para a presidência em que foi eleito, aconteceu o que chamou de "um dos mais famosos eventos na história política dos EUA", que foi uma aparentemente simples entrevista. Era o ano de 1976, em plena campanha em que estava bem à frente do concorrente, o presidente Gerald Ford. Os editores da revista masculina *Playboy* insistiam para que Carter desse uma entrevista. Ele imaginou que, dada a popularidade da revista, seria uma boa oportunidade de explicar suas crenças religiosas ao grande público. A revista, para quem não se lembra, era conhecida pelas fotos de belas mulheres nuas.

Marcada a entrevista, ela aconteceu na sala de estar da casa do então candidato. O texto final deveria ser submetido aos assessores de Carter para verificação da edição e da fidelidade das respostas que daria. Os editores da *Playboy* concordaram, mas ele diz que mesmo assim respondeu às perguntas com prudência, gravando tudo em fita. Tudo correu bem, o repórter agradeceu ao final, desligou o gravador e foi conduzido pelo próprio entrevistado até a porta da casa. Com

[1] CARTER, Jimmy. *Memórias espirituais*. São Paulo: Nexo, 1998. p. 116-117.

o gravador aparentemente desligado, o repórter acrescentou: "Governador, há mais uma coisa que realmente me deixa curioso". A pergunta foi sobre a fé do candidato e a possibilidade que haveria de ele mentir ao povo norte-americano, uma vez que dizia ser um "cristão nascido de novo" e que tinha valores a defender. Afinal, os cargos públicos em geral impõem que os seus ocupantes não sejam totalmente transparentes na condução de suas agendas. "Como é que o senhor vai poder se relacionar com [os cidadãos], já que se considera muito melhor do que eles?".

A resposta que Carter deu foi: "Jesus se preocupava especialmente com o orgulho humano e o senso de superioridade em relação aos outros, e condenava aqueles que julgavam seus irmãos". Então, passou a um breve comentário sobre o Sermão do Monte, na parte que fala sobre retribuições e amor ao próximo. Falou sobre ódio e perdão, esmolas em segredo e a reprovação de Jesus ao adultério. A essa altura o repórter perguntou se alguma vez ele havia cometido adultério, ao que Carter foi sincero: "Sim, já senti fortes desejos sexuais...", o que indica ter imaginado, não tido contato, muito embora o texto condene a imaginação, porque equivaleria à execução (falamos sobre isso no capítulo 8).

O repórter foi embora, e Carter se considerou satisfeito pela entrevista e confiante por poder alcançar um grande público com suas ideias, afinal, a revista era um sucesso. Semanas depois, quando a matéria saiu, o alvoroço formado quase derrubou o candidato que liderava as intenções de voto. A imprensa passou a massacrar Carter por sua afirmação "informal" ao repórter mal-intencionado e da noite para o dia repórteres passaram a entrevistar pastores, evangelistas e pregadores, todos eles negando que algum dia tivessem nutrido algum sentimento adúltero na mente e no coração. A família de Carter, esposa e três filhos, foi atacada. As pessoas envolvidas na campanha ficaram indignadas com o erro idiota que tinham cometido. Mesmo assim, por preservar os valores que sempre confiou, Carter foi eleito, embora por uma margem mais apertada, e se tornou um dos maiores presidentes dos Estados Unidos.

PRATIQUE

Nos exercícios anteriores, mencionamos o fato de cada um de nós ter uma ideia clara de quais são os nossos valores, missão e visão, quer por escrito quer mentalmente. Não podemos imaginar que estamos em um mundo ideal em que os nossos valores jamais sejam desafiados. Também não podemos ser utópicos a ponto de supor que nenhum de nós jamais possa ter se visto frente a uma situação embaraçosa e, por que não dizer, em que a fraqueza nos venceu e cedemos, negociando valores que para nós são caros.

Há uma estranha espécie de "consenso" que diz haver no mercado uma ética paralela, que na verdade não é ética alguma — nada mais do que um padrão corrompido de comportamento que rege as pessoas desonestas. É como um acordo para que todos se deem bem, por meio de fraudes, pequenas ou grandes, pagamentos de propinas, superfaturamento, descumprimento de normas e licitações e tantos outros mecanismos que foram incorporados ao que chamam de "ética de mercado".

Sabedor dos seus limites e valores e ciente de como são conduzidos os negócios no setor em que você atua, identifique quais são os seus valores que têm corrido mais perigo diante da equação "ceder para vender". Veja se há mais de um ponto fraco em sua lista de valores e anote-os para ter clareza de quais sejam. Em seguida, imaginando uma situação em que esses valores são colocados em xeque, elabore argumentos coerentes, procurando antecipar os contra-argumentos que as pessoas no mercado usariam para tentar convencê-lo de que você precisa ceder se quiser se manter ativo e produtivo no seu segmento. Conscientize-se de cada ponto, a favor e contra, e reflita sobre eles, medite, incomode a si mesmo, pois mais cedo ou mais tarde você precisará estar afiado para enfrentar uma situação dessas. Afinal, não vivemos no paraíso, mas estamos trabalhando para criar um mundo melhor para todos.

Capítulo 12

AS DECISÕES SÃO SOLITÁRIAS

Eu poderia sugerir alguns mitos que envolvem as pessoas que se projetam socialmente, como empresários, artistas, políticos. Esses mitos criam em torno das pessoas que estão nesses grupos uma espécie de aura, dentro da qual o mundo é perfeito e maravilhoso. Sem contar que a lista de bens disponíveis dentro dessa aura é incontável. Mas quero falar de um desses mito que, a exemplo de outros, é um assunto despercebido pela maioria das pessoas. Refiro-me à solidão do poder.

Vivo essa questão quando saía com os meus filhos pequenos. Eu tenho cinco filhos. Quando saímos de férias e vamos almoçar fora, para agilizar o nosso tempo no restaurante, eu escolhia o prato de todos eles, em geral pizza, e o sabor que todos iriam comer. Fazendo assim, ficava mais fácil pedir comida para a família toda, além de acelerar o tempo no restaurante. Depois que eles cresceram, a coisa mudou um pouco. Sendo eles maiores, quando nos assentamos em um restaurante eu preciso conversar com eles, fazer uma "reunião" com a "criançada" e saber o que eles querem comer; antes disso, preciso saber a qual restaurante eles querem ir e qual é o melhor horário para a refeição, tentando conciliar a "agenda" de cada um para um horário único da família.

Agora, imagine o presidente de uma empresa, qualquer que seja, comparado a esse exemplo simples. Como esse sujeito poderia "pedir uma pizza" para milhares de funcionários, fornecedores, clientes, governos, e ao mesmo tempo agradar a todos eles? Se é difícil e trabalhoso equacionar um simples pedido de pizza em família sem que isso crie atritos e descontentamento, que diremos das decisões de um presidente que precisa manter o bom andamento do seu negócio enquanto resolve as diferentes tendências e os desejos daqueles que estão com ele.

A tomada de uma decisão é o principal papel de um executivo. Em muitas ocasiões, as decisões são tomadas de modo errado e não chegam a alcançar os objetivos propostos, ou seja, aquilo para o qual deveriam conduzir. Toda decisão é lastreada na premissa de uma opção, e a melhor opção é seguida pelo tomador da decisão após avaliação dos riscos e das vantagens. Além disso, cada tomada de decisão tem em si um apelo atrelado. Por exemplo, se eu decido ir para o norte, inevitavelmente escolho ou decido não ir para o sul. O apelo, neste caso, é a necessidade de ir para o norte, porque entendo haver algo lá que me atraia.

Para uma boa avaliação durante o processo decisório, precisamos aprender a definir o problema, identificar as opções, analisar as alternativas a essas opções, definir a resolução, escolher a melhor opção e implementar a decisão tomada — que nem sempre é tão simples quanto parece. Paralelo a tudo isso, há a pressão do tempo, a exigência de agilidade para se resolver o problema (muitas vezes uma urgência natural da situação), as dificuldades de identificar e implementar a solução adotada, a análise dos dados, das informações internas e externas, para ter o verdadeiro diagnóstico daquilo que está

A TOMADA DE UMA DECISÃO É O PRINCIPAL PAPEL DE UM EXECUTIVO. EM MUITAS OCASIÕES AS DECISÕES SÃO TOMADAS DE MODO ERRADO E NÃO CHEGAM A ALCANÇAR OS OBJETIVOS PROPOSTOS, OU SEJA, AQUILO PARA O QUAL DEVERIAM CONDUZIR.

acontecendo e, se isso for malfeito, desencadeará problemas adicionais na sequência.

Na solidão, quando realmente não sabemos o que fazer ou o que dizer, temos uma excelente oportunidade para observar, ouvir, refletir e meditar e, daí sim, encontrar as melhores respostas para seguir em frente com segurança e nos manter no caminho certo e encontrar as melhores soluções.

Não podemos considerar o tempo como nosso inimigo, mas como aliado. Invariavelmente, as decisões premidas e pressionadas pelo tempo são desastrosas. Na solidão, somos obrigados a uma autoavaliação, mesmo que isso nos faça parecer expostos e fracos ao julgamento das partes interessadas. Isso se dá sempre que assumimos uma posição de humildade, deixando claro que não sabemos tudo o que se pode saber para tomar a melhor decisão, que não temos todas as respostas e que realmente precisamos das pessoas à nossa volta e da experiência delas em favor do processo. Quando agimos assim, somos vistos como pessoas mais fortes por nossos pares pois, com isso, estamos estimulando a autoestima nas pessoas, mostrando-lhes quanto são importantes e fazendo com que a admiração mútua cresça e as relações se fortaleçam. Remeto, aqui, ao que tratamos, no capítulo 7, a respeito de ignorar a colaboração, como no caso do navio Titanic.

Às vezes é no silêncio que conseguimos nos fortalecer. Desse modo, entendo que a solidão é a oportunidade que o executivo tem para aprender a se comunicar mais efetivamente a respeito da visão dos negócios, do modelo de gestão e do modelo de relacionamento. É no silêncio que ele para e elabora modos efetivos de compartilhar sua visão com os pares, gestores, mercado, executivos, os amigos e toda a equipe.

NÃO PODEMOS CONSIDERAR O TEMPO
COMO NOSSO INIMIGO, MAS COMO ALIADO.
INVARIAVELMENTE, AS DECISÕES PREMIDAS E
PRESSIONADAS PELO TEMPO SÃO DESASTROSAS.

Enfim, o silêncio é uma ótima oportunidade que surge na solidão para ir em busca de ações que nos ajudem a responder perguntas, a resolver inseguranças e incertezas que todos nós enfrentamos quando estamos na direção de um negócio. O silêncio é a oportunidade que temos de repensar as nossas crenças limitantes e olharmos para dentro de nós mesmos, questionando os nossos paradigmas e melhorarmos como pessoa. É no silêncio e na solidão que somos fortalecidos e nos permitimos ser transformados. Portanto, passe a ver o isolamento relativo provocado pela solidão e o silêncio como fortes aliados.

Nós não precisamos ter respostas para tudo, definitivamente não. O nosso momento a sós na solidão é a oportunidade de adquirir mais e melhor conteúdo, participando de encontros, de treinamentos direcionados, fazendo boas leituras e criando a nosso favor um tempo bom para o aprendizado. Em nossas rotinas haverá muitas oportunidades que trarão fortalecimento pessoal e abrirão a nossa perspectiva para observar os problemas e os desafios por outro ângulo; assim, surgirão outras formas e alternativas que poderão ser levadas a cabo quando avaliadas apropriadamente para atender às nossas necessidades no momento.

A solidão traz uma gratificação própria e tem um efeito significativo. Apesar de ela rondar e por vezes amedrontar algumas pessoas quando continua ali, firme e presente, a ação que provoca se torna poderosa na construção das decisões corretas na vida dos altos executivos. Atrevo a dizer que, com o tempo, passamos a gostar dela! Com o tempo e a experiência de lidar com a solidão, passamos a vê-la como incentivo, algo que nos impulsiona a uma melhoria contínua. E essas possibilidades que surgem nos fazem construir uma resposta mais segura e sólida e nos leva a nos tornar mais convencidos da responsabilidade que a liderança nos impõe e a respeito de como devemos tratá-la, considerando os processos e as pessoas. Com toda certeza, sei que não tenho todas as respostas, mas tenho todas as perguntas que posso fazer a esse respeito. Conforme a sabedoria milenar, saber fazer as perguntas certas é fundamental.[1]

Lembro-me de uma ocasião em que eu queria comprar um caminhão novo. Era um desafio enorme na época, porque a Transpes era uma empresa pequena e regional, e eu precisava do apoio do meu pai para tomar aquela decisão. Eu disse a ele que queria comprar um caminhão novo, porque até então a gente só adquiria caminhões usados. Eu sabia que seria um grande passo e, quando fui conversar com ele, ele me disse:

— Olha, a responsabilidade é completamente sua. Se você comprar, vai ser o responsável por trabalhar para pagá-lo, vender os fretes, comercializar, fazer tudo o que for necessário para que no final do mês a gente tenha orçamento suficiente para cobrir a prestação desse caminhão, que não é pequena.

Para mim, aquilo foi como um balde de água fria, porque eu não tive o apoio necessário para dar aquele passo no momento. Os dias passavam, noites de sono foram perdidas, e eu ficava pensando se deveria ir adiante com aquela compra. Meu pai já tinha dado a sua resposta. Eu não tinha mais

1 Se quiser saber mais sobre isso, há vários autores que trataram do tema. Sugerimos procurar sobre maiêutica socrática, o método que Sócrates usava para ensinar seus discípulos.

com quem compartilhar meu objetivo e sabia que a decisão, a partir daquele momento, seria completamente minha, com a responsabilidade "nas minhas costas", bem como o fruto daquela decisão, fosse ele o sucesso ou o fracasso.

A situação me levou a fazer um estudo mais aprofundado sobre o assunto, a analisar melhor as planilhas, a remuneração que o caminhão proporcionaria, os valores dos fretes necessários (além dos que eram cobrados) e quanto iria sobrar para calcular qual seria a margem de lucro. Com esse estudo realizado e com aquele problema nas minhas mãos para resolver, cresci significativamente em conhecimento e profundidade sobre o contexto da decisão que eu estava para tomar. Depois de duas ou três semanas, eu estava mais convencido de que não estava tomando aquela decisão por impulso, não estava tomando a decisão baseado em uma motivação sentimental nem fantasiosa. Eu tinha convicções fortes e argumentos sustentáveis de que a decisão que eu tomaria era a melhor decisão para o futuro dos nossos negócios e consegui escrever isso de forma que eu mesmo pudesse me fortalecer para tomar a decisão que tinha construído ao longo daquelas noites de sono perdido. Isso foi simplesmente sensacional, porque tomei a decisão, compramos o caminhão, pagamos o veículo e, na ocasião, foi o primeiro caminhão novo que compramos, pagando uma prestação alta, mas tendo uma consciência robusta e argumentos embasados de que aquela decisão foi bem estruturada sob o silêncio da solidão.

Hoje posso dizer com bastante propriedade que nós, gestores e empreendedores, podemos e devemos usar a solidão da nossa atividade a nosso favor e para o benefício do negócio e das pessoas que lideramos.

INSPIRE-SE

Uma vez que tenho declarado publicamente a minha fé e feito uso de princípios contidos nas Escrituras, quero usar esta seção para apresentar o modo segundo o qual o próprio Jesus beneficiou-se do silêncio da solidão antes de tomar decisões importantes. Aliás, tão importantes que mexeram com a estrutura da sociedade do seu tempo e seguem, até os nossos dias, influenciando pessoas por toda a parte.

Há três circunstâncias como essas nos relatos dos Evangelhos, todas elas tendo o isolamento como cenário. A primeira delas foi o evento de abertura do seu trabalho, o início do que chamamos de ministério público de Jesus. Ele deveria selecionar 12 pessoas para segui-lo na condição de discípulos. A essas 12 pessoas ele mostraria e confidenciaria coisas que jamais compartilhou com outras durante a sua jornada na terra. As 12 pessoas, ou seja, os 12 discípulos eram completamente diferentes uns dos outros em termos de comportamento e temperamento, pois havia relativa diferença cultural entre eles. Antes, porém, de escolher e chamar os Doze para este trabalho, Jesus isolou-se por 40 dias no deserto da Judeia. Ali ele esteve só, procurando reunir recursos espirituais e emocionais para apoiar a decisão que deveria tomar. Ele foi tão bem-sucedido nas escolhas que fez que até hoje aqueles homens são reconhecidos por compor o protótipo da igreja e seguem dando frutos.

Outro momento em que Jesus costumava separar-se dos ruídos da sociedade era durante a noite. Costumeiramente, depois de um dia agitado de compromissos e atendimentos, ele se afastava para orar, segundo os relatos dos evangelhos. Jesus passava horas em oração e o fazia na solidão da noite, quando podia silenciar a agitação de um dia de trabalho e ouvir o seu íntimo, procurando recarregar as energias pessoais para que estivesse apto para mais atividades no dia seguinte.

Por fim, a derradeira ocasião em que Jesus procurou a solidão foi na conhecida noite em que foi preso. Dizem os evangelistas que ele orava tão intensamente que chegou a suar sangue. Ele estava no jardim Getsêmani e preparava-se para aquele que talvez fosse o momento mais importante de sua vida: a própria morte.

Assim, a pessoa que dividiu a história em antes e depois de sua vida, Jesus Cristo, além de inspirar escritores, *coaches*, mentores e gestores por meio de seus princípios eternos e universais, também fez uso dessa ferramenta útil na criação de um ambiente para as nossas tomadas de decisão.

PRATIQUE

Há um provérbio judaico que diz: "Não havendo sábios conselhos, o povo cai, mas na multidão de conselhos há segurança". (Provérbios 11.14) Em outras palavras, a sabedoria nunca é reservada a indivíduos isoladamente, mas reside na reunião de pessoas que se aconselham, que contribuem com diferentes pontos de vista para que seja construído um entendimento mais sofisticado e que frutifique com maior vigor. Ninguém ousaria desacreditar essas palavras que foram escritas por um sábio há cerca de três mil anos, que, a propósito, foi o homem mais sábio e rico do seu tempo: o rei Salomão.

Aparentemente as palavras de Salomão contrariam o que temos dito sobre os benefícios da solidão e do silêncio quando o assunto é tomar decisões difíceis na gestão de nossos negócios, mas só aparentemente. Salomão está dizendo que aconselhar-nos, ouvir os diferentes, consultar opiniões diversas e até contrárias à nossa é o meio de formar conceitos sábios e, por isso mesmo, sólidos. Isso não contraria o momento decisório que, e este sim, deverá caber única e exclusivamente ao líder, no silêncio da solidão.

Na sua vida de gestor ou executivo, qual tem sido o critério para que você tome as decisões necessárias que estão sob sua responsabilidade? Você tem sido individualista ou consulta aqueles que são os seus conselheiros? Pede ajuda especializada de consultores externos? Mediante o que foi visto neste capítulo, há algo que pode ser ajustado para uma melhoria na coleta de dados, informações e aconselhamento para que você tenha mais clareza e segurança na sua tomada de decisões?

Sugiro que tome papel e caneta e anote as suas reflexões. Boa sorte!

Capítulo 13

TRANSIÇÃO E SUCESSÃO

O maior questionamento a certa altura da vida, que talvez se traduza na pergunta que muitos fazem é: "E agora, o que é que eu vou fazer?".

Pessoas que, como eu, passam muitos anos exercendo uma função de alto comando em uma empresa por 15, 20, 30 anos, quando preparam a sua sucessão, por mais benfeita que seja, sempre deparam com "o novo", e isso sempre é um desafio.

Quero contar como foi a minha experiência de sucessão e transição e devo começar dizendo que ela não é um jogo de dama; melhor será compará-la a um jogo de xadrez. Não se trata de uma equação binômica, de um ou dois fatores: ela é como uma equação mais complexa em que é preciso levar em consideração uma série de circunstâncias para que o sucedido, o sucessor, o momento, as competências, toda a governança e toda a estrutura corporativa sejam bem preparadas. Só assim se obterá o maior sucesso possível.

Não é incomum no mundo corporativo depararmos com sucessões malfeitas, em que a companhia perde valor, perde mercado, perde a sua condição diante de uma sucessão planejada e realizada de forma inadequada. No meu caso, a nossa sucessão foi bem preparada e durou entre dois e três anos.

Foi tratada com os sócios, conversada com a alta gestão da empresa, e fizemos tudo de forma que poderia atender àquilo que eram as características principais de uma sucessão bem-sucedida.

Primeiro, tínhamos um sucessor com a competência, o calibre, o conhecimento e a projeção necessária para o mercado. Essa pessoa estava dentro "de casa". O meu irmão era (e é) uma pessoa que traduz todas as qualidades, todo o conhecimento, toda a competência, toda a inteligência para ser a pessoa certa para a transição.

Segundo, o próprio mercado assimilou bem a transição — isso também é essencial. A proximidade que o meu irmão tinha com os nossos clientes e fornecedores, bem como seu histórico dentro da empresa, foi essencial para que ele tivesse conhecimento de todo o nosso mercado. Isso facilitou demais.

Terceiro, o nosso público interno, os nossos funcionários, o enxergaram como uma pessoa capaz de levar a corporação para o passo seguinte, ao futuro desenhado no nosso planejamento estratégico. Isso também proporcionou um *match* perfeito, porque ele sempre foi uma pessoa muito querida, muito capaz e com muitos anos dentro da empresa.

Portanto, considero que, no nosso caso, fizemos uma sucessão de sucesso e, agora, nos restava outra incógnita, que era o momento do mercado. Uma sucessão, para ser bem-feita, precisa ter o momento de um mercado ascendente (não descendente) para que o novo CEO não passe por turbulências.

É verdade que, por mais que todas as coisas necessárias sejam preparadas, nunca saberemos quando surgirá uma turbulência. Mesmo assim, devemos passar o bastão em alta

NÃO É INCOMUM NO MUNDO CORPORATIVO DEPARARMOS COM SUCESSÕES MALFEITAS, EM QUE A COMPANHIA PERDE VALOR, PERDE MERCADO, PERDE A SUA CONDIÇÃO DIANTE DE UMA SUCESSÃO PLANEJADA E REALIZADA DE FORMA INADEQUADA.

velocidade, ou seja, em um mercado ascendente, em um mercado promissor, em um mercado que vai ser muito mais fácil para o novo gestor pilotar a corporação, pilotar essa grandiosidade da empresa sem contratempos, sem turbulências, sem situações difíceis para administrar — ou ao menos dirimir os riscos e problemas. É preciso deixar os problemas bem resolvidos, deixar situações que possam ser conflituosas ou perigosas já resolvidas antes de a transição ocorrer.

Penso que também tivemos sucesso em nosso processo apesar de fazermos a transição em janeiro de 2020 quando, logo depois, veio a situação da COVID. No entanto, isso foi algo completamente inusitado para todo o mercado, não somente para nós, e o conselho de administração e a alta gestão deram uma contribuição muito positiva para que essas intempéries fossem superadas com maior "suavidade".

Em um modelo de transição, a participação efetiva do conselho de administração e as regras estabelecidas pela governança, bem como todo o norte, todo o arcabouço da governança, são muito importantes. Isso nos ajudou muito, nos deram um norte e fizeram que a sucessão fosse bem-sucedida.

Restava outra situação igualmente importante que era o que fazer, isto é, responder sobre o que competia a mim em relação ao futuro. O que eu experimentei e que considero aspectos importantes na minha jornada foram os que apresento a seguir.

Primeiro, o momento de desconstrução, ou seja, quando se deixa a cadeira, é preciso entender isso. Então, antes que qualquer nova atividade, antes que qualquer novo projeto, antes que qualquer nova aventura tome lugar, é importante aprender a "desconstruir". Na vida, tão importante quanto construir é saber desconstruir, desapegar do poder, desapegar da posição de decidir, desapegar do cargo, desapegar da cadeira e dar o espaço para que o novo executivo desempenhe todo o seu papel.

Uma viagem, um curso, algo completamente inusitado e diferente precisa ser feito com o intuito de desconstruir-nos, com o intuito de nos fazer desapegar, "abrir mão daquilo". Porque as pessoas continuarão telefonando para você, continuarão mandando e-mail e esperam que você resolva coisas que agora não são mais de sua competência.

Portanto, não é incomum os gestores deixarem a cadeira, mas a cadeira não os deixar. Se isso acontecer e eles continuarem tomando decisões, a pior das coisas que pode acontecer para uma companhia é ter duas cabeças no comando, ter duas cabeças no controle. Tem que haver respeito, tem que haver harmonia, tem que haver uma identificação muito grande, um protocolo, uma cerimônia a ser cumprida.

Foi o que fizemos: "A partir de tal dia, a pessoa será o novo CEO da empresa, e eu vou para uma posição no conselho que hoje ocuparei como presidente". Eu entendi que a primeira etapa nesse processo, dessa nova construção, era a desconstrução, ou seja, era o desapego, a entrega, e talvez esse seja um dos momentos mais difíceis.

Depois do desapego, da desconstrução, da entrega, há um momento de se permitir viver o novo. Ninguém é tão experiente nem tão maduro, ninguém é tão conhecedor que não possa aprender coisas novas e aceitar novos desafios. No meu caso, tão logo deixei de ser o CEO das Transpes, inusitadamente fui convidado para ser o CEO do Cruzeiro. Aceitei o desafio dois meses depois por uma série de motivos e conheci pessoas maravilhosas por lá.

No Cruzeiro Esporte Clube, fiquei durante um ano, quase um ano e meio, como CEO contribuindo na gestão. Foi muito valioso e esse é um capítulo à parte, talvez um livro à parte. Com isso, conheci pessoas novas, ambientes novos, realidades novas, desafios novos.

Até então eu não tinha imaginado o que era fazer gestão de um clube de futebol da grandeza do Cruzeiro. Sou muito grato a todas as pessoas, àquelas que me convidaram, às que eu conheci, às amizades que fiz, ao aprendizado que eu tive, enfim, foi um período valiosíssimo para mim.

Creio que a construção começa exatamente depois da desconstrução e, na sequência, penso que devemos ser tomados de sonhos e esperanças, de novos projetos, de novas ambições, de novas realidades. Toda a experiência que culminamos, todos os relacionamentos que chegam ao topo, todas as amizades que realizamos durante anos no mundo corporativo, tudo isso deve ser somado como uma série de atributos que nos farão novos gestores e nos possibilitarão uma nova empreitada.

Tenho grande admiração por associações, empresas e entidades que trabalham com a valorização do ser humano, com a valorização da família, com a inclusão social dos menos favorecidos no mundo corporativo e na sociedade. Por isso, tenho procurado participar, sempre que convidado, de fóruns, de associações, de entidades e projetos que carregam no seu DNA a grandeza da valorização do ser humano.

Eu procuro e evidentemente aprendo demais com essas pessoas nobres e talentosas e também dou a minha

NÃO É INCOMUM OS GESTORES DEIXAREM A CADEIRA, MAS A CADEIRA NÃO OS DEIXAR. SE ISSO ACONTECER E ELES CONTINUAREM TOMANDO DECISÕES, A PIOR DAS COISAS QUE PODE ACONTECER PARA UMA COMPANHIA É TER DUAS CABEÇAS NO COMANDO, TER DUAS CABEÇAS NO CONTROLE.

contribuição com base na experiência profissional que tenho. Contribuo com a minha *expertise* de anos como executivo durante os quais procurei fazer que as pessoas no seu ambiente de trabalho crescessem em experiência dentro de um ambiente saudável, em vez de um ambiente tóxico. Procuro criar ambientes respeitosos, não desrespeitosos, ambientes de harmonia, ambientes de construção dos valores, porque, como tenho dito inúmeras vezes, a transformação que o Brasil precisa, a transformação que o Brasil merece está no setor produtivo; não está na política, mas, sim, nas empresas.

É dentro das corporações que as pessoas serão forjadas, que novos líderes serão formados, que os jovens se entenderão e poderão perseguir e conquistar os seus sonhos. Assim, amo participar de projetos e hoje participo de inúmeros deles, no Brasil e no exterior, com o intuito de valorizar o ser humano dentro do mundo corporativo. Isso é algo que me faz brilhar os olhos e no qual percebo a beleza da inclusão, a beleza da promoção das pessoas, da transformação das pessoas e da capacidade que as pessoas têm de se reinventar. Esta tem sido a minha trajetória desde que eu deixei a cadeira de CEO da Transpes.

CONCLUSÃO

Quero encerrar este livro dando destaque a duas pessoas, ambas líderes incontestavelmente, que souberam perceber e valorizar a importância das pessoas nas organizações. Afinal, durante toda a história da Transpes foi isso o que nos moveu e essa é sem dúvida a razão maior do nosso sucesso.

O primeiro nome é conhecido mundialmente: Steve Jobs, o fundador da Apple, empresa das mais valiosas no segmento de tecnologia do mundo. Steve Jobs foi considerado um gênio revolucionário na área de computadores, aplicativos e muito mais. Era perfeccionista e foi um líder nato e criativo. Ele atraiu para si não apenas grandes profissionais do mercado, mas também consumidores, os quais se transformaram em seguidores e divulgadores de sua marca.

Jobs deu atenção especial à gestão de pessoas, o que foi crucial para que pudesse desenvolver as melhores soluções para as demandas do público da Apple. Ele deixou claro que a cultura organizacional, aliada à competitividade e à visão sistêmica da empresa, eram os elementos que seduziam e moviam uma equipe que trabalhava por resultados.

Steve Jobs disse: "Esclarecer em que ponto a empresa está e onde quer chegar, traçar metas claras e um caminho a ser percorrido fortalece a equipe e contribui para o crescimento de todos".[1]

O outro nome que quero destacar é "nosso", é de uma brasileira: Luíza Helena Trajano, a fundadora do Magazine Luíza. Essa paulista de Franca criou a maior rede de varejo do país, e isso faz dela uma das maiores líderes entre os empresários nacionais.

Trajano sabe identificar o papel do elemento humano em seu sucesso, de modo que credita o seu próprio sucesso a duas mulheres. A primeira, a mãe dela, ensinou-lhe a inteligência emocional, antes que o tema se tornasse moda entre os profissionais. A outra mulher é a tia dela, pessoa que despertou em Luíza o espírito empreendedor.

Essa mulher hoje comanda mais de 600 lojas, com 21 mil funcionários e 20 milhões de clientes; semelhantemente à nossa cultura na Transpes, ela diz que o cultivo de valores como generosidade, honestidade e aprendizado constantes são o segredo da gestão de pessoas nas organizações que têm como mira a boa atuação em equipe.

Cultivar a humanização dos processos internos e externos nas empresas tem sido a tônica nas empresas de maior sucesso em nossos dias, e lugares assim têm atraído cada vez mais pessoas que manifestam interesse e desejo de trabalharem ali. Nisso, nosso pai se destacou desde o início das atividades em nossa empresa e nos ensinou por meio de suas ações, seus gestos e seu exemplo pessoal. Sou consciente de que, se não tivesse passado pela escola que ele criou, primeiramente em

[1] Disponível em: <https://blog.valesb.com.br/index.php/gestao-de-pessoas-nas-organizacoes/>. Acesso em: 06 dez. 2021.

casa e depois na extensão do nosso lar, que é a nossa empresa, o sucesso da Transpes não teria sido possível. Ele fez isso com pessoas, com a minha mãe ao seu lado, desempenhando um papel específico, comigo e com meus irmãos, que legamos a herança dele.

Por isso, baseado em nossa própria experiência e na observação atenta que faço de como esse mesmo processo se dá em outras organizações, estou seguro de que o sucesso só acontece quando há uma cultura humana consolidada nos quadros da empresa. Nenhuma corporação é feita de maquinário, de arquivos, de ativos fixos. Todas as organizações são como organismos vivos, porque todo empreendimento é, sem dúvida, um empreendimento humano.

Não há instituições particulares, ONGs nem instituições oficiais do governo que não sejam essencialmente humanas, e a pessoa que está à frente delas precisa perceber isso, ou jamais poderá ser considerada um líder de sucesso, não importando o que quer que faça ou o gênio que seja. Sem pessoas — pessoas satisfeitas e valorizadas — não há empreendimento bem-sucedido e, portanto, não pode haver liderança de sucesso. Tenha consciência disso e procure meios de aperfeiçoar a sua relação com os seus colaboradores, com os seus pares e olhe para o futuro com a tranquilidade de que o seu melhor investimento está sendo feito hoje.

Esta obra foi composta em *Minion Pro*
e impressa por Promove Artes Gráficas sobre papel
Pollen Soft 70 g/m² para Editora Hábito.